NIETZSCHE

ALÉM DO BEM E DO MAL

TRADUÇÃO
Hermann Pflüger

Veríssimo

VERÍSSIMO É UM SELO DA FARO EDITORIAL.

Diretor editorial **PEDRO ALMEIDA**
Coordenação editorial **CARLA SACRATO**
Assistente editorial **LETÍCIA CANEVER**
Preparação **OLIVIA FRADE ZAMBONE E DOUGLAS EZEQUIEL**
Revisão **CIBELE TORRES E MARINA MONTREZOL**
Diagramação **REBECCA BARBOZA**
Capa **OSMANE GARCIA**

Dados Internacionais de Catalogação na Publicação (CIP)
Angelica Ilacqua CRB-8/7057

Nietzsche, Friedrich Wilhelm, 1844-1900
Além do bem e do mal / Friedrich Nietzsche ; tradução de Hermann Pflüger. -- São Paulo : Faro Editorial, 2024.
128 p.

ISBN 978-65-5957-503-9
Título original: Jenseits von gut und böse

1. Filosofia alemã I. Título II. Plüger, Hermann

24-0240 CDD 193

Índices para catálogo sistemático:

1. Filosofia alemã

Veríssimo

1ª edição brasileira: 2024
Direitos de edição em língua portuguesa, para o Brasil, adquiridos por FARO EDITORIAL.

Avenida Andrômeda, 885 — Sala 310
Alphaville — Barueri — SP — Brasil
CEP: 06473-000
www.faroeditorial.com.br

SUMÁRIO

PREFÁCIO

Supondo que a verdade seja mulher, não será justificado suspeitar que todos os filósofos, conquanto dogmáticos, pouco percebiam de mulheres? Que o sério trágico, a inoportuna falta de tato que até agora têm empregado para atingir a verdade, eram meios demasiado desastrados e inconvenientes para conquistar o coração de uma mulher? Certo é que ela não se deixou conquistar; e toda a espécie de dogmática toma hoje uma atitude triste e desencorajada, se é que ainda toma alguma atitude. Há trocistas que pretendem que toda a dogmática caiu por terra — pior ainda, que agoniza. Falando sério, creio que há bons motivos para esperar que todo o dogmatismo em filosofia — por mais solene e definitivo que se tenha apresentado — não tenha sido mais do que uma nobre criancice e um balbuciar. E talvez não esteja longe o tempo em que se compreenderá cada vez mais o que no fundo bastou para a primeira pedra desses edifícios filosóficos, sublimes e absolutos, erguidos até agora pelos dogmáticos: uma superstição popular qualquer, dos mais recuados tempos (por exemplo, a superstição da alma que, sob a forma de superstição do sujeito e do eu, também ainda hoje não deixou de fazer das suas); talvez um trocadilho, um equívoco gramatical, ou qualquer generalização temerária de fatos muito restritos, muito pessoais, muito humanos, demasiado humanos. A filosofia dos dogmáticos não foi, esperemo-lo, mais do que uma promessa feita para milhares de anos, como no caso da astrologia, numa época anterior ainda — quanto à astrologia, ao serviço da qual se despendeu talvez mais trabalho, dinheiro, perspicácia, do que desde sempre se despendeu com qualquer ciência verdadeira, é a ela e às suas aspirações "supraterrenas" que se deve, na Ásia e no Egito, a arquitetura de grande estilo. Parece que, para gravar no coração da humanidade as suas eternas exigências, todas as grandes coisas devem errar primeiro na terra como carantonhas monstruosas e terríficas. A filosofia dogmática foi uma dessas carantonhas quando se manifestou na doutrina dos Veda, na Ásia, ou no platonismo, na Europa. Não sejamos ingratos para com ela, embora se deva confessar que o erro mais nefasto, mais persistente e mais perigoso até hoje cometido foi um erro dos dogmáticos; refiro-me à invenção do espírito puro e do bem em si, feita por Platão. Mas agora que esse erro foi superado, agora que a Europa liberta desse pesadelo volta a respirar e usufrui pelo menos um sono mais salutar, somos nós, *cujo dever é precisamente a vigília*, quem herda toda a força que a luta contra esse erro fez crescer. Falar do espírito e do bem à maneira de Platão seria de fato deturpar a verdade e negar a própria *perspectiva*, condição fundamental de toda a vida. Poderia mesmo perguntar-se, como médico: "De onde provém tal moléstia no mais belo fruto da antiguidade, que é Platão? Tê-lo-ia corrompido o malicioso Sócrates? Sempre teria sido Sócrates o corruptor da juventude, e teria ele merecido a cicuta?" Mas a luta contra Platão ou, para falar mais compreensivamente e para o "povo", a luta contra a opressão eclesiástica exercida há milhares de anos — porque o cristianismo é platonismo para o "povo" — criou na Europa uma maravilhosa tensão de espírito que nunca havia existido na Terra: e com um arco tão fortemente tenso é possível agora atirar aos alvos mais longínquos. É verdade que o homem da Europa sente essa tensão como um mal e, por duas vezes, fizeram-se amplas tentativas para afrouxar o arco: primeiro pelo Jesuitismo e em seguida pelo Iluminismo democrático. Com auxílio da liberdade de imprensa, da leitura dos jornais, talvez se pudesse realmente conseguir que o espírito já não se considere tão facilmente um "mal"! (Os alemães inventaram a pólvora — nossas felicitações! Mas depois estragaram tudo — inventaram a imprensa.) Mas nós que nem somos Jesuítas, nem democratas, nem mesmo suficientemente alemães, nós, *bons europeus* e espíritos livres, *muito* livres, possuímos ainda todo o mal do espírito e toda a tensão do seu arco! E talvez também a flecha, a missão e, quem sabe, o *alvo*...

Friedrich Nietzsche, junho de 1885.

CAPÍTULO 1

DOS PRECONCEITOS DOS FILÓSOFOS

1) A vontade de verdade, que ainda nos arrastará para muitas aventuras, essa célebre veracidade, de que todos os filósofos falaram até agora com adoração: em quantos problemas essa vontade de verdade já nos colocou! Quantos problemas extravagantes, graves, de formulação obscura! É uma longa história e, no entanto, parece que mal começou. Que espanto haverá se, por fim, tornarmo-nos desconfiados, se perdermos a paciência e nos precipitarmos? Essa esfinge também não nos ensinou a fazer perguntas? Afinal, quem vai nos interrogar? Que parte de nós mesmos tende "para a verdade"? Realmente, detivemo-nos por muito tempo diante da questão da origem dessa vontade, até que paralisamos diante uma questão ainda mais fundamental. Foi quando perguntamos pelo valor dessa vontade. Admitindo que queremos verdade, por que não havíamos de preferir a não verdade? A incerteza? Ou mesmo a ignorância? Terá sido o problema da verdade que se apresentou bem diante de nós ou, pelo contrário, fomos nós quem se apresentou a ele? Quem de nós é Édipo? Quem é a Esfinge? Trata-se, ao que parece, de um autêntico encontro de perguntas e pontos de interrogação. Do nosso parecer, o problema sequer foi colocado. Fomos nós quem primeiro o percebeu, quem o encarou, quem arriscou atacá-lo? Pois há riscos a correr, e dos maiores.

2) "Como poderia algo nascer do seu contrário? Por exemplo, a verdade, do erro? Ou ainda, a vontade de verdade, da vontade de engano? A ação altruísta, do egoísmo? Como poderia a contemplação pura e resplandecente do sábio nascer da cupidez? Tais origens são impossíveis. Quem admite isso é tolo ou coisa pior; as coisas de valor elevado devem ter outra origem, uma origem própria, não podem derivar deste

mundo efêmero, enganador, ilusório e mesquinho, deste labirinto de erros e desejos! Pelo contrário, é no íntimo do ser, no imperecível, na divindade oculta, na 'coisa em si' que deve se encontrar sua razão de ser, e não em qualquer outra parte!" Esse modo de julgar constitui o preconceito típico pelo qual se reconhecem perfeitamente os metafísicos de todos os tempos. Esse tipo de valoração está no fundo de todos os seus métodos lógicos; baseados nessa sua "fé", esforçam-se pelo seu "saber", por algo que, no fim, é solenemente batizado de "verdade". A fé fundamental dos metafísicos é a crença nas oposições de valores. Nem aos mais cautelosos entre eles ocorreu levantar dúvidas logo no início, quando mais foi necessário: embora tivessem feito voto "*de omnibus dubitandum*".[1] Pode-se perguntar, em primeiro lugar, se de fato há oposições e, em segundo lugar, se aquelas avaliações e oposições populares, consagradas pelos metafísicos, não são talvez apenas avaliações superficiais, perspectivas provisórias, projetadas, ainda por cima, do fundo de um recanto, talvez de baixo para cima, como que perspectivas de rã, para empregar uma expressão familiar aos pintores. Qualquer que seja o valor que se atribua ao verdadeiro, ao verídico, ao desinteressado, seria possível que se devesse atribuir à aparência, à vontade de ilusão, ao egoísmo e ao desejo um valor maior e mais fundamental para a vida. Além disso, ainda seria possível que aquilo que constitui o valor dessas coisas boas e respeitadas consista precisamente no fato de serem familiarizadas, ligadas e entrelaçadas e, talvez, idênticas a essas coisas más, aparentemente opostas. Talvez! Mas quem está disposto a se ocupar de tão perigosos acasos?! Para tal se deve aguardar a vinda de uma nova espécie de filósofos, dos que tenham gostos e inclinações diferentes dos de até aqui; sob todos os aspectos, filósofos do perigoso "talvez". E, para falar seriamente, já os vejo surgirem.

3) Depois de, por muito tempo, observar os filósofos de perto, acabei por concluir que a maior parte do pensamento consciente também deve ser incluída nas atividades instintivas, até mesmo a meditação filosófica. Aqui torna-se necessário aprender a julgar de outro modo, como já se fez com a hereditariedade e com os "caracteres adquiridos". Assim como o ato de nascer não influi na progressão da hereditariedade, tampouco o fato de "ser consciente" se opõe ao instintivo de qualquer modo decisivo. A maior parte do pensamento consciente de um filósofo é dirigida secretamente pelos instintos e forçada a seguir determinada via. Por detrás de toda lógica e da autonomia aparente dos seus movimentos, existem valorizações, ou, para me exprimir mais claramente, exigências fisiológicas para a manutenção de determinado tipo de vida. Afirmar, por exemplo, que o determinado tem mais valor que o indeterminado, a aparência menos valor que a "verdade": tais valorizações, apesar de sua importância regulativa para nós, não podem ir além de valorizações superficiais, uma espécie de *niaiserie*,[2] útil talvez para conservação de seres tais como nós. Admitindo-se que não é exatamente o homem a "medida das coisas"...

1 "De tudo duvidar."

2 "Asneira."

4) A falsidade de um juízo ainda não representa, para nós, uma objeção contra esse juízo; é nisso que reside, talvez, o caráter mais estranho da nossa nova linguagem. Trata-se de saber em que medida ele favorece e conserva a vida, mantém e mesmo desenvolve a espécie. E, por princípio, inclinamo-nos a afirmar que os juízos mais falsos (de que fazem parte os juízos sintéticos *a priori*) são para nós os mais indispensáveis, que o homem não poderia acolher as ficções lógicas sem medir a realidade pelo mundo puramente fictício do absoluto, do idêntico a si mesmo, sem falsificar constantemente o mundo pelo número. Renunciar aos juízos falsos seria renunciar à vida, negar a vida. Sem dúvida, confessar ser a mentira condição de vida é opor-se de modo perigoso aos valores habituais; e basta que uma filosofia ouse fazê-lo para se colocar além do bem e do mal.

5) O que incita a olhar uma parte dos filósofos com desconfiança e a outra com ironia não é nos darmos conta de como são ingênuos — como erram e se desnorteiam com frequente facilidade —; e não é, enfim, a sua infantilidade e ingenuidade que nos chocam, mas a sua falta de honestidade: afinal, são eles que fazem grande alarde à medida que trazemos à tona o problema da veracidade, mesmo que só de leve. Fingem todos ter descoberto e alcançado as suas verdadeiras opiniões pelo desenvolvimento de uma dialética fria, pura e divinamente despreocupada (distinguindo-se, assim, dos místicos de toda espécie que, mais honestos e menos hábeis, falam de "inspiração"): são eles que, no fundo, defendem, com argumentos posteriores, uma tese antecipada, uma ideia súbita, uma "inspiração", na maioria das vezes um desejo íntimo que tornaram abstrato e que submeteram a um crivo; todos são advogados, que não querem se passar por tal. São mesmo, na maioria das vezes, os defensores astuciosos dos próprios preconceitos, que batizam de "verdades"; estão muito distantes da intrepidez da consciência que a si confessa esse fato. Estão muito distantes do bom gosto da intrepidez que o dá a entender, quer para avisar um inimigo ou um amigo, quer por petulância e para zombar de si própria. A hipocrisia tão ríspida quanto moralizadora do velho Kant, com a qual nos atrai para as tortuosas vias da dialética, vias essas que nos conduzem, ou antes, nos induzem ao seu "imperativo categórico" — esse espetáculo faz-nos sorrir, a nós, habituados a coisa melhor, que não podemos deixar de achar graça ao observar de perto as manhas sutis dos velhos moralistas e pregadores da moral. Ou ainda essa charlatanice de forma matemática com a qual Espinosa mascarou a sua filosofia, quer dizer, "o amor à sua sabedoria", para interpretar, como convém, a palavra "filosofia" — com que ele camuflou essa filosofia para assim intimidar, desde logo, a audácia do atacante que ousasse levantar os olhos para essa virgem invencível, verdadeira Pallas Atena: quanta timidez e vulnerabilidade revela esse disfarce de doente solitário!

6) Aos poucos, fui descobrindo o que até agora tem sido toda grande filosofia: uma autoconfissão do autor, uma espécie de *mémoires* involuntárias e despercebidas; e também que as intenções morais (ou imorais) formavam, em toda filosofia, o verdadeiro

germe vital de onde sempre desabrochou a planta inteira. De fato, para elucidação do problema de como se formaram as mais remotas afirmações metafísicas de um filósofo, seria bom (e mesmo inteligente) perguntar primeiro: afinal, que moral ele pretende defender? Não acredito, pois, que o "instinto de conhecimento" seja o pai da filosofia, mas sim que um outro instinto se serviu aqui, como em outros casos, do conhecimento (e do desconhecimento!) como mero instrumento. Mas quem quer que examine os instintos fundamentais do homem, a fim de saber até que ponto eles desempenharam, precisamente aqui, um papel de gênios (ou de demônios e duendes) inspiradores, reconhecerá que já todos esses instintos fizeram filosofia — e que o maior desejo de cada um seria se declarar fim último da existência, e como soberano, legítimo, de todos os outros. Pois todo instinto é ávido de domínio; e como tal quer filosofar. Certamente, com os eruditos, os homens científicos por excelência, talvez haja diferença, para "melhor", se quiserem. Talvez neles exista realmente qualquer coisa como o instinto de conhecimento, uma pequena engenhoca que, com bastante corda, trabalha independentemente, sem que todos os outros instintos do erudito nisso participem de um modo essencial. É por isso que os seus verdadeiros "interesses" se situam num ponto completamente diferente, na família, quem sabe, na aquisição de bens ou na política; é mesmo quase indiferente que a sua pequena máquina seja colocada nesse ou naquele ponto da ciência, e que o jovem trabalhador "de futuro" se torne bom filólogo, químico ou especialista em insetos: não o caracteriza o fato de ser isto ou aquilo. Ao contrário, no filósofo nada há de impessoal; e, particularmente, a sua moral testemunha de modo decisivo e absoluto quem ele é, quer dizer, como estão ordenados os mais íntimos instintos da sua natureza.

7) Como os filósofos podem ser malévolos! Nada conheço mais venenoso que o gracejo que Epicuro se permitiu com Platão e os platônicos; chamou-lhes "*Dionysiokolakes*". Isto quer dizer, literalmente, "aduladores de Dionísio", ou seja, serviçais de tirano e bajuladores; mas significa ainda "uma reunião de comediantes, sem sombra de seriedade", pois *Dionysiokolax* era uma designação popular do comediante. E é sobretudo nesta última asserção que reside o traço de maldade que Epicuro fez contra Platão: aborreceu-se com o ar grandioso, as poses que Platão e os seus discípulos bem sabiam, dom que Epicuro não possuía. Ele, o velho mestre-escola de Samos, que escreveu trezentas obras refugiado em seu pequeno jardim de Atenas. E, quem sabe, talvez não as tenha tenha escrito senão por ira e ambição de suplantar Platão? Foram precisos cem anos para que a Grécia se apercebesse de quem era Epicuro, esse deus dos jardins. Se é que se apercebeu...

8) Há, em toda filosofia, um ponto em que entra em cena a "convicção do filósofo", ou, exprimindo-me na linguagem de um velho mistério:

adventavit asinus
pulcher et fortissimus.[3]

3 "Chegou o asno, belo e fortíssimo."

9) Querem viver "de acordo com a natureza"? Ó, nobres estoicos, que falsas palavras! Imaginem um ser como a natureza, o mais pródigo possível, o mais indiferente possível, sem intenções nem considerações com ninguém, sem piedade nem justiça, fecundo e árido e incerto ao mesmo tempo, imaginem a própria indiferença como força, como poderia viver de acordo com essa indiferença? Viver não é precisamente um querer-ser-diferente dessa natureza? Não consiste a vida em querer avaliar, preferir, ser injusto, limitado, diferente? Ora, admitindo que o seu imperativo "viver de acordo com a natureza" significasse no fundo o mesmo que "viver de acordo com a vida", como é que não poderia viver assim? Para que fazer um princípio do que vocês próprios são e deveriam ser? Na realidade, tudo se passa de modo diferente: pretendendo ler na natureza, delicados, o cânone da sua lei, aspira algo bem diferente, vocês, espantosos comediantes e autotrapaceiros! O orgulho de vocês quer impor e fixar a sua moral na própria natureza, o seu ideal; exigir que ela seja natureza "conforme o Estoicismo", e desejariam que tudo existisse apenas à sua imagem, como uma monstruosa e eterna glorificação e universalização do estoicismo! Com todo seu amor pela verdade, vocês se constrangem, com uma perseverança que chega a hipnotizar, a ver a natureza por um falso prisma, isto é, estoico, de tal modo que já não podem ver de outra maneira. Por fim, um orgulho ilimitado ainda lhes dá a esperança demente de poder tiranizar a natureza, porque são hábeis em tiranizar a vocês mesmos — pois que estoicismo é autotirania —, como se o próprio estoico não fosse uma fração da natureza. Mas tudo isso é uma eterna e velha história; o que outrora aconteceu aos estoicos, acontece ainda hoje, desde que um filósofo comece a acreditar em si mesmo. Cria sempre um mundo à sua imagem, não pode proceder de outro modo, porque a filosofia é esse instinto tirânico; a vontade de poder mais intelectual, de "criação do mundo", de causa prima.

10) O zelo e a sutileza, quase diria astúcia, com que hoje se pretende abordar o problema do "mundo real" e do "mundo das aparências" dá o que pensar e ouvir; e aquele que nada ouve senão a secreta "vontade de verdade" não é certamente dotado de ouvidos apurados. Em alguns casos, bastante raros, pode suceder que esteja realmente em jogo tal "vontade de verdade", qualquer intrepidez extravagante e aventureira, a ambição metafísica de uma sentinela perdida que prefere um punhado de "certeza" à exuberância de belas possibilidades. Pode mesmo haver fanáticos, de consciência puritana, que antes preferem morrer com fé fervorosa a morrer com o incerto plausível. Mas isso é niilismo e vestígio de uma alma desesperada e fatigada até a morte, por mais valentes que sejam os gestos de tal virtude. Entretanto, parece que o mesmo não acontece com os pensadores mais vigorosos, ainda animados de uma vitalidade mais intensa, mais ávida. Enquanto estes tomam partido contra a aparência e, já com orgulho, pronunciam a palavra "perspectiva", enquanto desdenham o testemunho do próprio corpo, tanto como o da aparência que afirma que "a Terra é imóvel", renunciando assim à posse mais segura com aparente conforto (pois o que há hoje de mais seguro que o próprio corpo?), quem sabe se no fundo eles não querem reconquistar qualquer coisa que outrora se possuía ainda com mais se-

gurança, propriedade da fé de outrora, talvez "a alma imortal", talvez "o velho Deus"; em suma, ideias cujas bases de vida eram melhores, quer dizer, mais sólidas e mais alegres que as das "ideias modernas"? Há desconfiança contra essas ideias modernas, há incredulidade sobretudo naquilo que se edificou ontem e hoje, talvez com uma certa dose de fastio e de escárnio que já não pode com o insuportável antiquário de ideias da mais diversa origem, tal como nos aparece hoje o que se chama positivismo, repugnante ao gosto mais apurado, por essa mescla de feira e farrapos coloridos com que se pavoneiam os filósofos baratos da realidade: nada é novo e autêntico, a não ser precisamente essa mescla de cores. Penso que é aí que se deve dar razão a esses céticos antirrealistas, a esses bichinhos do conhecimento: o seu instinto, que os coloca fora da realidade moderna, não foi refutado — que nos importam os seus caminhos retrógrados?! Neles, o essencial não é o querer "retroceder"; antes, o querer fugir. Um pouco mais de força, de voo, de coragem, de arte, e eles desejariam ir além de tudo isso — e jamais fugir!

11) Parece-me que, por toda parte, se faz agora um esforço para desviar o olhar da verdadeira influência que Kant exerceu sobre a filosofia alemã e, sobretudo, para esquecer o precavido valor que ele se atribuía. Kant orgulhava-se, principalmente, da sua tabela de categorias. Com ela na mão, dizia: "Aqui está o que de mais difícil se pôde realizar a favor da metafísica". Que se entenda bem esse "pôde realizar"! Ele orgulhava-se de ter descoberto no homem uma nova faculdade, a de juízos sintéticos *a priori*. Admitindo que ele tenha enganado a si mesmo, todavia, o desenvolvimento e o rápido florescimento da filosofia alemã se devem a esse orgulho e ao zelo que os jovens filósofos puseram em descobrir, o quanto possível, algo para se orgulharem ainda mais — e, em todo caso, "novas faculdades"! Mas reflitamos, que já é tempo! "Como é que são possíveis os juízos sintéticos *a priori*?", perguntou-se Kant. E que respondeu ele afinal? São possíveis graças a uma faculdade. Mas, infelizmente, não o disse com tão poucas palavras. Foi prolixo, solene, de tal modo fez gala de profundidade e floreio germânicos que nos esquecemos da divertida "*niaiserie allemande*"[4] velada em tal resposta. Melhor ainda, ficava-se fora de si com a descoberta dessa nova faculdade, e o entusiasmo atingiu o exagero quando Kant trouxe uma nova descoberta, a da faculdade moral do homem; porque, naquele momento, os alemães ainda eram morais e de modo algum faziam já "política realista". E veio a lua de mel da filosofia alemã: todos os jovens teólogos do Seminário de Tubingue rebuscavam os silvados à procura de "faculdades". O que não se descobriu durante esse período tão juvenil, tão inocente e rico da filosofia alemã, em que cantou a fada maligna do romantismo, quando ainda não se fazia distinção entre "descobrir" e "inventar"! Antes de tudo, descobriu-se uma faculdade para o "transcendente". Schelling batizou-a de intuição intelectual e satisfez assim os mais íntimos desejos dos seus alemães, tão ávidos, no fundo, de piedade. A maior injustiça que se pode fazer a todo esse movimento

4 "Asneira alemã."

impetuoso e entusiasta, que pertencia à juventude, ainda que audaciosamente enfarpelado com um manto de conceitos cinzentos e senis, é levá-lo a sério e tratá-lo, por exemplo, com indignação moral. Enfim, envelheceram, e o sonho se esfumaçou. Veio uma altura em que começaram a coçar a cabeça. Ainda hoje a coçam. Haviam sonhado: em primeiro lugar, o velho Kant. "Graças a uma faculdade", dissera ele, quisera dizer, pelo menos. Mas será essa uma resposta? Uma explicação? Ou antes não será apenas uma repetição da pergunta? Como é que o ópio faz dormir? "Graças a uma faculdade", ou seja, a "*virtus dormitiva*", respondeu aquele médico de Molière:

Quia est in eo virtus dormitiva,
cujus est natura sensus assoupire.[5]

Porém, essas respostas ficam bem numa comédia e já é tempo de substituir a pergunta de Kant: "Como são possíveis os juízos sintéticos *a priori*?", por uma outra: "Porque é preciso acreditar em tais juízos?". Quer dizer que é finalmente tempo de compreender que, para a conservação dos seres da nossa espécie, esses juízos devem ser tomados como verdadeiros, o que o exige o método que deve ser essencialmente econômico de princípios.

12) Quanto ao atomismo materialista, ele pertence às coisas mais bem refutadas. Talvez, entre os sábios, ninguém seja suficientemente ignorante para lhe atribuir qualquer importância, a não ser por comodidade pessoal e uso corrente (ou seja, para abreviar a terminologia): graças sobretudo a esse dálmata Boscovich, que foi, até agora, junto ao polaco Copérnico, o maior e mais vitorioso adversário da aparência. Enquanto este nos persuadiu a acreditar, contrariamente à afirmação dos nossos sentidos, que a Terra não é imóvel, aquele ensinou a abjurar a crença na última coisa "consistente" na Terra, a crença na "matéria", no átomo, última redução da Terra. Esse foi o maior triunfo até aí obtido sobre os sentidos. Mas deve-se ir ainda mais longe, e declarar também guerra, guerra implacável, à "necessidade atomística" que sobrevive ainda de um modo perigoso, em domínios onde ninguém supõe, do mesmo modo que essa mais famosa "necessidade metafísica". Deve-se também, acima de tudo, erradicar aquele outro atomismo, ainda mais nefasto, o atomismo das almas, que o cristianismo ensinou durante tanto tempo. Que me seja permitido designar desse modo a crença que considera a alma como algo de indestrutível, de eterno, de indivisível, como uma mônada, como um átomo. É essa crença que se deve expulsar da ciência! Contudo, não é de modo algum necessário, seja dito entre nós, desembaraçarmo-nos "da alma" e renunciarmos a uma das mais antigas e mais veneráveis hipóteses, como costuma acontecer aos naturalistas pouco hábeis que, mal tocam na "alma", imediatamente a perdem. Mas, agora, são possíveis concepções mais sutis da hipótese da alma: e conceitos como o de "alma mortal", de "alma,

5 "Há nele uma faculdade domitiva, segundo a qual é natural entorpecer os sentidos."

pluralidade de sujeitos", de "alma, base social de instintos e afetos", querem doravante ter o direito de cidadania na ciência. Rompendo com a superstição que até agora proliferava em torno da noção de alma com exuberância quase tropical, o novo psicólogo lançou a si próprio num novo deserto e numa nova desconfiança. Talvez os velhos psicólogos tivessem condições mais agradáveis. Mas, por fim, o novo psicólogo se vê também condenado a inventar — e, quem sabe, mesmo a descobrir.

13) Os fisiologistas deveriam hesitar em considerar o instinto de conservação como instinto fundamental de todo ser orgânico. Acima de tudo, qualquer ser vivo quer expandir a sua força. A própria vida é vontade de poder. Com frequência, a autoconservação não é senão uma de suas consequências indiretas. Em suma, aqui como em toda parte, cuidado com princípios teleológicos supérfluos! Tais como o instinto de conservação (que se deve à inconsequência de Espinosa). Porque assim exige o método: ser essencialmente econômico em princípios.

14) Há talvez cinco ou seis cérebros que começam a perceber que a física também não passa de uma interpretação e adaptação subjetivas do mundo (à nossa imagem, se me permitem), e de modo algum uma explicação: mas, na medida em que a física se apoia nessa crença nos sentidos, ela se passa por valiosa e, por muito tempo, ela se passará por ainda mais valiosa, isto é, quando considerada explicação. Tem a seu favor os olhos e os dedos, ou seja, é aparente e concreta. Numa época de gosto predominantemente plebeu, isso garante um efeito mágico, persuasivo e convincente, pois segue de forma instintiva o cânone de verdades do sensualismo eternamente popular. O que é claro? O que é que "explica"? O que se pode ver e tocar. Todo problema deve ser levado até aí. De modo inverso: o encanto do pensamento platônico, que era um pensamento nobre, residia precisamente na repugnância pelo sensualismo — talvez entre homens que tenham gozado de sentidos mais rigorosos e mais exigentes que os dos nossos contemporâneos, mas que consideravam triunfo maior manterem-se senhores desses sentidos. Conseguiam-no por meio de uma rede de conceitos cinzentos, pálidos e frios que lançavam sobre o exuberante turbilhão dos sentidos — a turba dos sentidos, como dizia Platão. Nesse dominar e interpretar o mundo à maneira de Platão, havia um gozo bem diferente do que nos oferecem os físicos de hoje, assim como os darwinistas e os antiteleologistas entre os nossos operários da fisiologia, com o seu princípio do "esforço mínimo" e da asneira máxima. "Onde nada mais há para o homem ver e tocar, nada há o que procurar". Trata-se, certamente, de um imperativo diverso do platônico, mas bem seria o imperativo adequado a uma raça rude e laboriosa de construtores de máquinas e pontes, a qual terão a fazer somente trabalho grosseiro.

15) Quem quer se ocupar honestamente de fisiologia deve se atentar para que os órgãos sensoriais não sejam considerados fenômenos, como na filosofia idealista. Como tais, nem poderiam ser causas! O sensualismo seria pelo menos considerado como hipótese reguladora, para não dizer como princípio heurístico. Quê? E outros

pretendem até que o mundo exterior seja obra dos nossos órgãos? Mas então o nosso corpo, que faz parte do mundo exterior, seria obra dos nossos órgãos! Por conseguinte, os nossos órgãos seriam, eles próprios, obra dos nossos órgãos! Aí está, ao que me parece, uma profunda redução ao absurdo, admitindo que a concepção *causa sui* seja qualquer coisa de fundamentalmente absurdo. Por conseguinte, o mundo exterior não é obra dos nossos órgãos?

16) Ainda existem auto-observadores ingênuos que acreditam na existência de "certezas imediatas", por exemplo, "eu penso" ou, como foi a superstição de Schopenhauer, "eu quero". Como se o conhecimento chegasse a discernir o seu objeto pura e cruamente, como "coisa em si", como se não houvesse falsificação, quer por parte do sujeito, quer por parte do objeto. Mas repetirei cem vezes que a "certeza imediata", do mesmo modo que o "conhecimento absoluto" e a "coisa em si", encerram uma *contradictio in adject:*[6] devíamos nos desprender da magia falaciosa das palavras. Que o povo acredite o conhecimento consistir em se conhecer uma coisa até o fim; que o filósofo diga a si: se analiso o processo expresso na frase "eu penso", obtenho uma série de afirmações temerárias, difíceis, impossíveis de fundamentar — por exemplo, que sou eu quem pensa; que deve haver, em geral, algo que pensa; que pensar é a atividade e o efeito de um ser considerado causa; que existe um "eu"; enfim, que já está estabelecido o que se entender por pensar; que eu sei o que é pensar. Pois se eu já não estivesse com ideias prévias sobre isso, como poderia decidir se o que ocorre não é "querer" ou "sentir"? Em suma, esse "eu penso" pressupõe que eu comparo o meu estado momentâneo a outros estados que conheço em mim, para estabelecer a espécie a que ele pertence: devido a essa comparação com um "saber" de outro tipo, não existe, em todo caso, para mim, uma certeza imediata. Em vez dessa "certeza imediata", em que o povo talvez acredite no caso apontado, o filósofo fica com uma série de questões de metafísica, verdadeiros problemas de consciência para o intelecto, tais como estes: "De onde é que extraio o conceito de pensar? Por que acredito na causa e no efeito? Que é que me dá o direito de falar de um eu, e ainda de um eu como causa, e finalmente de um eu como causa do pensamento?". Quem, baseado numa espécie de intuição do conhecimento, se aventura a responder imediatamente a essas questões metafísicas, como faz aquele que diz: "eu penso e sei que pelo menos isso é verdadeiro, real e certo"; esse, hoje, provocará ao filósofo um sorriso e dois pontos de interrogação. "Senhor", talvez o filósofo lhe diga, "é pouco provável que não esteja enganado, mas por que deseja a verdade a todo preço?"

17) No que diz respeito à superstição dos lógicos, não me cansarei de sublinhar um pequeno fato que esses espíritos supersticiosos só confessam se contraditos, a saber, que um pensamento surge quando "ele" quer, e não quando "eu" quero; de sorte que é uma falsificação dos fatos ter a intenção de que o sujeito "eu" seja condição

6 "Contradição no adjetivo."

do predicado "penso". Algo pensa, mas dizer que esse algo é precisamente esse velho e famoso eu é pura hipótese, mera afirmação, mas seguramente não é uma "certeza imediata". No final das contas, já é ir muito longe dizer que "algo pensa", porque esse "algo" já contém uma interpretação do processo, e não pertence ao próprio processo. Nesse caso, conclui-se, segundo os hábitos gramaticais: "Pensar é uma atividade; a cada atividade pertence alguém que seja ativo; por conseguinte...". O velho atomismo procurava mais ou menos, segundo o mesmo esquema, além da "força" que age, a parcela de matéria em que esta reside, a partir da qual ela atua, o átomo. Os espíritos mais rigorosos acabaram por se livrar desse "resíduo terrestre", e talvez um dia se crie o hábito, também entre os lógicos, de desprezar completamente esse pequeno "algo" (a que finalmente se reduziu o venerável eu).

18) Com efeito, o ser refutável não é o menor encanto de uma teoria. Por esse fato, ela atrai precisamente os cérebros mais sutis. Parece que a teoria por vezes refutada do "livre-arbítrio" deve sua persistência a esse encanto: de vez em quando surge alguém que se sente com forças para refutar.

19) Os filósofos costumam falar de vontade como se se tratasse da coisa mais conhecida do mundo. Schopenhauer deu-nos mesmo a entender que a vontade é a única coisa que conhecemos, conhecemos perfeitamente, sem desconto nem aumento. Mas me parece que Schopenhauer, nesse caso, não fez senão o que os filósofos costumam fazer: adotou e exagerou um preconceito popular. Acima de tudo, "querer" me parece algo complicado, algo que só como palavra possui unidade, e é precisamente na palavra única que reside o preconceito popular que se tornou senhor da circunspecção dos filósofos, sempre diminuta. Sejamos, então, mais circunspectos, "não filósofos", digamos que em todo querer há, primeiro, uma pluralidade de sensações, ou seja: a sensação do estado do qual queremos nos afastar, a sensação do estado a que queremos chegar, a sensação desse "afastar" e "chegar", além disso, sem que ponhamos em movimento "braços e pernas", uma sensação muscular concomitante entra em jogo desde que "queiramos". Do mesmo modo que sensações de espécies diversas devem ser reconhecidas como ingredientes da vontade, segundo, também o deve a reflexão: em cada ato da vontade há um pensamento que comanda; e devemos nos precaver de acreditar que se possa separar esse pensamento do "querer", como se, depois disso, ainda houvesse vontade! Terceiro, a vontade não é somente um complexo de sensações e reflexões, mas também um afeto: precisamente o do comando. O que se chama "livre-arbítrio" é essencialmente o afeto de superioridade em relação àquele que deve obedecer: "eu sou livre, ele deve obedecer" — essa consciência é inerente a toda vontade, tal como essa tensão da atenção, esse olhar direto que fixa exclusivamente um objeto, essa valorização absoluta da "necessidade de fazer isso e não aquilo", essa certeza íntima de que se será obedecido, e tudo o mais que pertence à condição do que comanda. Um homem que quer ordena a algo dentro de si, que obedece, ou que ele julga obediente. Mas vejam qual é o aspecto mais estranho dessa vontade, dessa

coisa tão complicada para a qual o povo tem uma só palavra: no caso, ao passo que, simultaneamente, somos os que comandam e os que obedecem e, como tais, conhecemos as sensações do constrangimento, da obrigação, da pressão, da resistência, do movimento, que costumam começar imediatamente após o ato da vontade; por outro lado, temos o hábito de passar por cima dessa dualidade, de nos iludirmos a seu respeito, por meio do conceito sintético "eu", ligou-se ainda ao querer toda uma cadeia de conclusões errôneas e, por conseguinte, de falsas valorizações da própria vontade, de sorte que aquele que quer julga, de boa-fé, que querer basta para agir. Porque, na maior parte dos casos, a vontade não se exerceu senão quando se podia esperar a eficácia do comando, isto é, a obediência, por conseguinte a ação — a aparência traduziu-se na sensação, como se houvesse nisso uma necessidade de efeito; em suma, aquele que quer imagina, com certa dose de certeza, que vontade e ação são de qualquer modo idênticas, ele atribui ainda à própria vontade o êxito, a realização do querer, e goza a mais alta daquela sensação de poder que todo êxito traz consigo. "Livre-arbítrio" é a expressão para esse estado complexo de prazer do querer que comanda e, ao mesmo tempo, funde-se com o executante, que goza o triunfo obtido sobre os obstáculos, mas que, no fundo, imagina ser sua vontade quem sobre eles triunfa. Aquele, que quer acrescenta, assim, à sensação de prazer que lhe proporciona o comando, as sensações de prazer dos instrumentos que executam e realizam, das "subvontades" ou "subalmas" a que obedecem, porque o nosso corpo não é senão uma coletividade de numerosas almas. *L'effet c'est moi*[7]: acontece aqui o que acontece em toda comunidade bem organizada e feliz: a classe dominante se identifica com os sucessos da comunidade. Em todo querer trata-se, afinal, de comandar e obedecer, e isso nas bases de um estado social composto de "almas" numerosas. Razão pela qual um filósofo devia atribuir a si o direito de encarar a vontade sob o aspecto da moral: entenda-se bem, a moral como doutrina de reflexões de soberania sob as quais se desdobra o fenômeno "vida".

20) As diferentes concepções filosóficas não são nada fortuitas, nada autônomas, crescem, pelo contrário, em relação e parentesco umas com as outras. Qualquer que seja a instantaneidade e a arbitrariedade aparentes com que surgem na história do pensamento, não deixam por isso de pertencer a um sistema, do mesmo modo que todos os membros da fauna de um continente. Apercebemo-nos desse fato, afinal, pelo medo como os mais diferentes filósofos preenchem sempre de novo um certo esquema fundamental de possíveis filosofias. Como se algum constrangimento invisível os forçasse, percorrem, sempre de novo, a mesma trajetória; por mais independentes que se sintam uns dos outros, com a sua vontade crítica ou sistemática, há sempre neles alguma coisa que os leva, que os empurra uns atrás dos outros, em ordem determinada, e é precisamente esse sistematismo congênito afinidade de conceitos. O seu pensar é, com efeito, menos uma descoberta que um reconhecimento, uma reminiscência, um regresso a uma remo-

7 "O efeito sou eu."

ta e velhíssima economia da alma, de onde saíram outrora aqueles conceitos. Filosofar é, neste sentido, um supremo atavismo. A singular semelhança familiar das filosofias indianas, gregas e alemãs explica-se da maneira mais simples. Quando há afinidade linguística, não se pode evitar que, graças à filosofia comum da gramática — quero dizer, graças ao domínio e à orientação inconscientes pelas funções gramaticais idênticas —, tudo se encontre preparado, desde o início, para um desenvolvimento e uma sucessão semelhantes dos sistemas filosóficos, do mesmo modo que parecem bloqueadas outras certas possibilidades da interpretação do mundo. É provável que os filósofos das línguas uralo-altaicas (para as quais o conceito de sujeito está menos desenvolvido que nos outros grupos) considerem o universo de modo completamente diverso e que as suas pesquisas sigam trilhos diferentes dos indo-germânicos ou muçulmanos: o encantamento exercido por determinadas funções gramaticais corresponde, em última instância, ao encantamento dos juízos de valor fisiológicos e das condições raciais. Tanto basta para refutar a superficialidade de Locke, no que se refere à origem das ideias.

21) A *causa sui* é a melhor autocontradição que até agora se imaginou, uma espécie de violação e de monstruosidade lógicas. Mas o orgulho desmedido do homem levou-o a embaraçar-se, profunda e terrivelmente, com esse absurdo. A aspiração ao "livre-arbítrio", nesse sentido metafísico excessivo que domina, infelizmente ainda, os cérebros dos semi-instruídos, essa aspiração em tomar a inteira e última responsabilidade dos seus atos, aliviando Deus, o Universo, os antepassados, o acaso, a sociedade, não é senão o desejo de ser precisamente essa *causa sui* e, com uma temeridade que ultrapassa a do barão de Münchhausen, de puxar a si pelos cabelos do pântano do nada para a existência. Supondo que alguém descobrisse a ingenuidade campestre desse célebre conceito de "vontade livre" e o suprimisse do seu cérebro, eu lhe pediria que sua clarividência iluminista avançasse e riscasse igualmente do seu cérebro a inversão desse não conceito "vontade livre": refiro-me à "vontade não livre", que não passa de um abuso de causa e de efeito. Não se deve erradamente coisificar "causa" e "efeito", como fazem os naturalistas (e quem, como eles, naturaliza o pensamento) de acordo com o estúpido mecanismo predominante, que pressiona e empurra a causa até "dar efeito". Devemos usar "causa" e "efeito" só como conceitos puros, como ficções convencionais, para fins de terminologia, entendimento, e não de explicação. No "em si" não há "elos causais", aí o "efeito" não segue a "causa", aí não rege "lei" alguma. Fomos só nós que inventamos as causas, a sucessão, a reciprocidade, a relatividade, o constrangimento, o número, a lei, a liberdade, a modalidade, a finalidade; e quando introduzimos, quando misturamos às coisas esse mundo de sinais, como existente "em si", procedemos como sempre, isto é, mitologicamente. A "vontade não livre" é mitologia: na vida real, apenas se trata de vontade forte e de vontade fraca. É quase sempre o sintoma de que lhe falta alguma coisa, quando um pensador, em todo "encadeamento causal", em toda "necessidade psicológica", experimenta uma espécie de constrangimento, uma aflição, uma obrigação, uma pressão, uma ausência de liberdade; é uma verdadeira traição se sentir assim; e é a pessoa que se trai. Além disso, se bem observei, a "não

liberdade da vontade" é vista como problema sob dois prismas, mas sempre de modo profundamente pessoal: uns não querem, a todo preço, abandonar sua "responsabilidade", a fé em si, o direito pessoal ao seu mérito (as raças vaidosas aqui inclusas); os outros, pelo contrário, não querem se responsabilizar por nada, ter culpa de nada e, impelidos por um secreto desprezo por si, querem descarregar sobre quem for. Estes últimos, quando escrevem livros, hoje habituados a defender a causa dos criminosos; uma espécie de piedade socialista é o seu disfarce mais conveniente. E, por certo, o fatalismo dos fracos de vontade embeleza-se espantosamente quando sabe introduzir-se como "*la religion de la souffrance humaine*"[8]: é o seu "bom gosto".

22) Que perdoem a mim, velho filólogo, que não posso renunciar ao malicioso prazer de pôr o dedo nas interpretações errôneas. Mas esse "mecanismo das leis da natureza", de que vocês, físicos, com tanto orgulho falam, como se ele apenas subsistisse graças à interpretação e má "filologia" de vocês, não é nenhum estado de fato, "texto", mas apenas um ingênuo arranjo humanitário, uma distorção dos sentidos com que dão satisfação aos instintos democráticos da alma moderna! "Por toda parte igualdade perante a lei: nisso a natureza não é melhor que nós." Pretensioso pensamento onde se esconde, ainda uma vez, a hostilidade vulgar a tudo quanto seja privilegiado e soberano, mas também um segundo ateísmo mais sutil. "*Ni Dieu, ni maître.*"[9] É isso que desejam e por isso gritam: "Vivam as leis da natureza!" — não é? Mas, repito-o, isso é interpretação, e não texto. Poderia aparecer alguém que, com intenções e arte de interpretar opostas, soubesse ler, na mesma natureza e diante dos mesmos fenômenos, justamente a imposição tirânica e implacável de aspirações ao poder; um intérprete que lhes mostrasse o caráter geral e absoluto de toda "vontade de poder", a ponto de quase cada palavra, mesmo a palavra "tirania", acabar por parecer inútil, por ser uma metáfora atenuante e muito fraca, muito humana; um intérprete que, apesar disso, acabasse por afirmar o mesmo que vocês afirmam quanto a este mundo, ou seja, que o seu curso é "necessário" e "calculável", não, porém, porque as leis nele regem, mas porque as leis faltam em absoluto e porque cada poder, a cada momento, vai até as suas últimas consequências. Ainda que isso também não passe de uma interpretação — e serão vocês filósofos o suficiente para me fazer essa objeção? Ora, tanto melhor!

23) Toda a psicologia até agora operou com preconceitos e receios morais: ela não ousou aventurar-se nas profundezas. Ousar conceber a psicologia como morfologia e como teoria da evolução da vontade de poder, tal como eu a concebo, ninguém ainda pensou fazê-lo, nem de longe: no que até hoje se escreveu, tanto quanto é permitido ver, há um sintoma do que até agora se calou. A força dos preconceitos morais penetrou profundamente no mundo mais intelectual, aparentemente mais frio,

8 "A religião do sofrimento humano."

9 "Nem Deus, nem senhor."

mais desprovido de pressupostos e, então, sob sua influência, sofreu os efeitos mais perniciosos, porque o fixou e desnaturalizou. Uma psicofisiologia verdadeira tem de lutar contra as resistências inconscientes no coração do investigador, tem contra ela "o coração". Já basta uma doutrina do condicionamento recíproco dos "bons" e dos "maus" instintos, com a sua imoralidade mais sutil, para angustiar e aborrecer uma consciência forte e corajosa — quando mais a doutrina da procedência dos bons instintos a partir dos maus. Admitindo, porém, que alguém conceba até os afetos de ódio, de inveja, de cupidez, o desejo de domínio, como afetos essenciais à vida, como algo que na economia da vida deve existir fundamental e essencialmente e que, por conseguinte, deve ainda ser intensificado se deseja intensificar a vida; por uma orientação do seu juízo como essa, esse alguém sofrerá como de enjoo. E, no entanto, essa hipótese não é, nem de longe, a mais penosa, a mais estranha nesse imenso reino, ainda quase inexplorado, de perigosos conhecimentos: e há, na verdade, milhares de boas razões para que se mantenha afastado quem possa fazê-lo! Mas, por outro lado, já que a tempestade maltrata o barco, que seja! Serremos os dentes! Sejamos vigilantes! Mão firme no leme! Naveguemos em linha reta por sobre a moral. Talvez tenhamos de esmagar e reduzir a pó o que nos resta de moralidade, aventurando-nos nessas jornadas: mas que importa a nós mesmos! Nunca, aos olhos de viajantes intrépidos a aventureiros, se revelou mundo mais profundo de intuição. E o psicólogo que assim "faz sacrifícios" não se trata do *sacrifizio del intelleto*[10], pelo contrário! Terá pelo menos o direito de pedir em troca que a psicologia seja proclamada novamente rainha das ciências, para cujo serviço e cuja preparação existem as outras ciências. Porque a psicologia voltou a ser a via aos problemas fundamentais.

CAPÍTULO 2

O ESPÍRITO LIVRE

24) *O sancta simplicitas!*[11] Como o homem vive em simplificação e falsificação singulares! O nosso espanto será infindável desde que tenhamos olhos para essa maravilha! Como tornamos tudo claro, livre, fácil e simples à nossa volta! Como soubemos dar aos nossos sentidos um livre trânsito para tudo o que é superficial e ao nosso espírito um impulso divino para as finuras e os sofismas! Como soubemos, desde o princípio, conservar a nossa ignorância para usufruir uma liberdade incompreensível, para desfrutar a falta de escrúpulos, de cuidado, uma bravura e serenidade de vida, a própria vida! E foi somente nessa base, desde então sólida e inquebrantável, da ignorância, que

10 "Sacrifício do intelecto."

11 "Ó santa simplicidade!"

a ciência pôde se edificar até o presente, a vontade de saber na base de vontade ainda bem mais potente, a vontade de ignorância, de incerteza, de mentira! Não como o seu oposto, mas como seu refinamento! É que, embora a língua, aqui como em toda parte, não possa superar a sua falta de versatilidade e continue a falar de opostos quando apenas há graus e sutileza de tonalidade; e embora a enraizada hipocrisia da moral, que agora está irremediavelmente em "nosso sangue", nos vire as palavras na boca, mesmo a nós, sapientes: de vez em quando compreendemos e rimos que seja precisamente a melhor das ciências a que mais nos retém nesse mundo simplificado, artificial por completo, nesse mundo habilmente imaginado e falsificado, em que *nolens volens*[12] essa ciência ama o erro, porque ela, a viva, ama a vida!

25) Depois de um começo tão alegre, uma palavra séria se faz escutar, pois ela se destina aos mais sérios. Sejam prudentes, filósofos e amigos do conhecimento, e se abstenham do martírio! Abstenham-se do sofrimento "por amor à verdade"! Abstenham-se da autodefesa! A consciência perde com isso toda inocência e a sutil neutralidade, torna-os obstinados ante as objeções e o pano vermelho; os tornará estúpidos, bestas e touros quando, na luta com o perigo, a difamação, a suspeita, o ostracismo e consequências ainda piores da inimizade, tiverem por fim que desempenhar o ingrato papel de defensores da verdade na Terra: como se "a verdade" fosse uma pessoa tão inofensiva e inapta, carecida de defensores! E justo vocês, cavaleiros da triste figura, senhores que se escondem nos recantos, tecelões das teias de aranha do espírito! Afinal, sabem perfeitamente que é indiferente que sejam vocês quem tem razão, e igualmente que nenhum filósofo ainda teve razão, e que cada pequeno ponto de interrogação que coloquem à frente das suas palavras e doutrinas favoritas (e ocasionalmente à frente de vocês mesmos) poderia encerrar uma veracidade mais digna de louvores que todos seus gestos solenes e triunfos ante seus acusadores e juízes! Coloquem-se antes à margem! Fujam para a solidão! Conservem a sua máscara e a sua sutileza e, assim, irão confundi-los! Ou para que tenham um pouco de medo de vocês! E não esqueçam o jardim, de grades douradas! Cerquem-se de homens que sejam como um jardim ou como música soando sobre as águas ao cair da noite, quando o dia não passa já de uma recordação — escolham a boa solidão, a solidão livre, frívola e rápida, a que dá o direito de permanecerem bons, em qualquer sentido. Como nos torna pérfidos, mimados e maus qualquer longa guerra que não se dá abertamente! Como nos torna pessoais qualquer longo receio, uma longa atenção a inimigos, a possíveis inimigos! Todos esses párias da sociedade, longa e duramente perseguidos — também os eremitas forçosos, os Espinosas ou Giordano Brunos — sempre se tornam refinados vingadores e envenenadores, seja qual for a máscara espiritual, e talvez sem o saberem (que se experimente escavar o fundamento da ética e da teologia de Espinosa!); para não dizer da idiotice da indignação moral que é, num filósofo, sinal infalível de que o humor filosófico o abandonou. O martírio do filósofo, seu "sacrifício pela verdade", faz transparecer o que

12 "De modo voluntário."

nele havia de agitador e de comediante e, admitindo que até agora as pessoas o tenham contemplado apenas com curiosidade artística, compreende-se, a respeito de certos filósofos, o desejo perigoso de vê-los, por uma vez, na sua degeneração (degenerado em "mártir", em clamador do palco e da tribuna). Quando muito, deve estar claro o que análogo desejo deixa entrever: apenas uma sátira, um desfecho fingido, apenas a contínua demonstração de que a longa, verdadeira tragédia terminou — admitindo que, em sua origem, toda a filosofia fosse uma longa tragédia.

26) Todo homem de elite aspira instintivamente ter sua torre de marfim e solitude, onde esteja livre da massa, dos muitos, da maioria, onde possa esquecer a regra "homem", sendo ele próprio exceção — a menos que se trate do caso particular em que, obedecendo a um instinto mais expansivo, vá direito a essa regra, sendo ele o próprio sábio, no sentido grandiloquente e excepcional da palavra. Aquele que, no convívio com os homens, não tomar por vezes todas as cores da miséria, do nojo, do aborrecimento, da compaixão, da tristeza e da solidão certamente não é um homem de gosto superior, mas admitindo que, voluntariamente, não aceite esse fardo, que dele sempre se esquive e que se mantenha, como já disse, escondido, quieto, altivo, na sua torre de marfim, uma coisa será certa: não foi feito para o conhecimento, nem para tal predestinado. Porque, se o fosse, deveria dizer a si mesmo um dia: "Para o diabo, meu bom gosto! A regra é muito mais interessante do que a exceção — do que eu, a exceção!". E, dizendo isso, "desceria" e sobretudo "entraria". O estudo do homem mediano, o estudo prolongado e minucioso e, para esse fim, muito dissimulado, requer autossuperação, confiança, más companhias — todas as companhias são más, exceto a dos nossos iguais: isso constitui uma parte necessária da vida filosófica, talvez a parte mais desagradável, a mais nauseante, fecunda em decepções. Mas, se tiver sorte, como convém aos leigos do conhecimento, encontrará quem abrevie e facilite sua tarefa. Penso nos intitulados cínicos, ou seja, aqueles que simplesmente reconhecem a besta, a vulgaridade, a "regra" em si e que, além disso, têm suficiente espiritualidade e estímulo para falar, de si mesmos e de seus iguais, diante de testemunhas: não raro, rolaram em livros como no próprio estrume. O cinismo é a única forma sob a qual as almas baixas tocam levemente no que se chama sinceridade. E o homem superior deve apurar o ouvido a qualquer variante do cinismo e se alegrar toda vez que ouve as zombarias do farsante sem pudor ou do sátiro da ciência. Há mesmo casos em que o encantamento se mistura ao nojo: por exemplo, quando, por um capricho da natureza, o gênio se mete com um desses bodes e macacos indiscretos, como no caso do abade Galiani, o homem mais profundo, penetrante e talvez o mais porco do seu século — era mais profundo que Voltaire e, portanto, também menos eloquente. Com frequência, acontece de, como disse, a cabeça científica pertencer a um corpo de macaco; uma inteligência sutil e excepcional, a uma alma vulgar — isso não é raro nos médicos e nos fisiologistas da moral. Onde quer que se compare o homem, sem aspereza, mas com certo apreço, a um ventre dotado de duas espécies de necessidades e de uma cabeça com apenas uma; alguém que não

veja, não procure e não queira ver senão fome, instinto sexual e vaidade, como se elas fossem as molas essenciais e únicas das ações humanas; em suma, onde quer que se fale "mal" do homem, todavia sem maldade, o amador do conhecimento deve escutar atenta e cuidadosamente; os seus ouvidos devem estar onde quer que se fale sem indignação, pois o homem indignado, aquele que, com os dentes, dilacera a própria carne (ou que sente falta de si, de Deus, do universo, da sociedade), esse, do ponto de vista moral, estará acima do sátiro risonho e contente consigo; em qualquer outro sentido, porém, ele será o caso mais vulgar, mais indiferente e menos instrutivo. Além disso, ninguém mente mais que o indignado.

27) É difícil ser compreendido: sobretudo quando se pensa e vive *gangasrotogati*[13], no meio de homens que pensam e vivem de outro modo, quer dizer *kurmagati*[14], ou, quando muito, "à maneira da rã", *mandeikagati*, faço tudo quanto posso "para ser dificilmente compreendido"! Ora, deve-se ficar conhecido pela boa vontade de coração em tentar uma interpretação sutil. Mas no que se refere aos "bons amigos", sempre muito acomodados, e que precisamente por serem amigos, se julgam com direito a esse comodismo, convém lhes conceder, desde logo, uma folga para mal-entendidos: desse modo, ao menos, há motivo para rir; ou rejeitar esses bons amigos por inteiro e rir também!

28) O que é mais difícil traduzir de uma língua para outra é o "tempo" do seu estilo, que se baseia no caráter da raça, ou, para me exprimir mais fisiologicamente, no tempo médio do seu "metabolismo". Há traduções feitas com inteira boa-fé, quase sem falsificações, porque involuntariamente vulgarizam o original, apenas porque não se pode traduzir seu corajoso e alegre "tempo", que salta por tudo o que nas coisas e palavras é perigoso. O alemão é quase incapaz do "andamento" da própria língua e, por isso, é impossível perceber as mais deliciosas e arrojadas "nuances" do pensamento independente, de espírito livre. Do mesmo modo que o bufão e o sátiro são estranhos à alma e à consciência, também Aristófanes e Petrônio lhe são intraduzíveis. Toda a gravidade, o peso, a pompa solene, todos os gêneros de estilo circunstanciados e aborrecidos são desenvolvidos, pelos alemães, com excessiva variedade. Que me perdoem afirmar que a própria prosa de Goethe, com a sua preciosa amálgama de gravidade, não faz exceção, refletindo os "bons velhos tempos" de que faz parte, exprimindo o gosto alemão numa época na qual ainda havia um "gosto alemão", que, aliás, era um gosto rococó "*in moribus et artibus*"[15]. Com excessão de Lessing, graças à sua natureza de comediante, que compreendia e entendia muitas coisas, ele que não traduziu em vão Bayle e gostava de se refugiar junto a Diderot e Voltaire e, ainda com muita boa vontade, no meio dos comediógrafos latinos, no "tempo", Lessing gostava também de ser livre-pensador, de fugir da Alemanha. Mas como poderia a língua alemã, mesmo na prosa de um Lessing,

13 "Sob o fluir do Ganges."

14 "No andar da tartaruga."

15 "Nos costumes e nas artes."

imitar o "tempo" de um Maquiavel que, no seu Príncipe, faz-nos respirar o ar fino e seco de Florença, e que não pôde evitar expor o assunto mais grave num indisciplinado *allegrissimo* — talvez não sem malicioso prazer de artista presente no contraste a que se atreve, a saber, deter-se nos pensamentos insondáveis, pesados, duros e perigosos, num "tempo" de galope, de ótimo e petulante ânimo. Quem, enfim, poderia ousar fazer uma tradução alemã de Petrônio, que, mais que qualquer músico de até então, foi o mestre do "andamento", pelas suas invenções, os seus achados, as suas expressões: que importam, de resto, todos os lamaçais do mundo malvado, doente, mesmo do "mundo antigo", quando, como ele, se possuem as asas do vento, o sopro e o escárnio libertador do vento que tudo saneia, fazendo tudo correr! E, no que diz respeito a Aristófanes, esse espírito que transfigura e completa, através do qual se perdoa a existência de todo o mundo grego — supondo que se tenha compreendido, a fundo, tudo o que nele necessita de perdão, de transfiguração: não conheço nada que me tenha feito sonhar tanto sobre a misteriosa natureza de esfinge de Platão como este "*petit-fait*"[16], felizmente conservado: sob o travesseiro de seu leito de morte, não encontraram "bíblia", nada que fosse egípcio, pitagórico ou platônico, mas Aristófanes! Como teria Platão suportado a vida, uma vida grega a que havia dito não, sem um Aristófanes!

29) Ser independente é uma questão que diz respeito à minoria: é privilégio dos fortes. Quem a tanto se arriscar, sem obrigação, prova que não só é forte, mas audacioso até a temeridade. Coloca-se num labirinto, multiplica ao infinito os perigos inerentes à própria vida. E o menor desses perigos não consiste em saber como e onde se perde, despedaçado na solidão por qualquer minotauro subterrâneo da consciência. Supondo que tal homem desapareça, o fato estará tão distante do entendimento dos homens, que eles sequer poderão sentir ou compreendê-lo: e ele já não pode regressar! Nem regressar à compaixão dos homens!

30) Nossas intuições mais elevadas precisam — aliás, devem — soar como loucuras, por vezes mesmo como crimes, quando ilicitamente chegam aos ouvidos dos que não foram feitos nem predestinados a isso. O exotérico e o esotérico, segundo a distinção filosófica em uso pelos hindus, gregos, persas e muçulmanos, em suma, entre os povos onde se acreditava em hierarquia, e não na igualdade dos direitos, não se distinguem pelo fato de o exotérico estar fora e ver, apreciar, medir e julgar de fora, não de dentro: o essencial é ele ver as coisas de baixo para cima; enquanto o esotérico vê de cima para baixo. A própria tragédia deixa de ter efeito trágico em algumas consciências; onde toda a dor do mundo se concentra, quem decidirá se o seu aspecto induz e obriga justamente à compaixão e, assim, à duplicação da dor? O que serve de alimento e de reconforto à espécie de homens superiores deve ter quase o efeito de veneno para uma espécie diferente, de valor inferior. Para um filósofo, as virtudes do homem vulgar seriam talvez vícios e fraquezas; é possível que um homem

16 "Pequeno fato."

superior, admitindo que degenere e decline, adquira as qualidades que, no mundo inferior onde desceu, sejam veneradas como as de um santo. Há livros que têm, para a alma e para a saúde, valor inverso conforme quem dele se serve, seja a alma inferior, a força vital inferior, ou a alma superior, mais poderosa. No primeiro caso, são livros perigosos, corruptores, dissolventes; no segundo caso, apelos de arautos que convidam os mais bravos a manifestar a sua bravura. Os livros populares são sempre livros malcheirosos: há neles o odor da gente pequena. Onde o povo fala e bebe, e mesmo venera, costuma cheirar mal. Não se deve ir à igreja quando se pretende respirar ar puro.

31) Nos anos verdes da juventude, ainda se venera ou se despreza sem aquela arte da nuance que é a melhor conquista na vida; e paga-se, com justiça, muito caro por indagar as coisas e as pessoas desta forma, com "sim" e "não". Tudo se predispõe de modo que o pior dos maus gostos, o gosto do absoluto, seja cruelmente frustrado e abusado, até que o homem aprenda a pôr um pouco de arte nos seus sentimentos e se atreva a tentar o artificial, tal como fazem os verdadeiros artistas da vida. A tendência colérica e o instinto de veneração, próprios da juventude, parecem não descansar enquanto não tiverem enganado, pelo domínio, homens e coisas: a juventude, em si, é algo que engana e falseia. Mais tarde, quando a alma jovem, martirizada por mil desilusões, por fim desconfiada, volta-se contra si mesma, ardente e selvagem, mesmo nas suas suspeitas e nos seus remorsos: como se encoleriza consigo mesma, como se dilacera com impaciência; vinga-se, como se sua longa cegueira fosse voluntária! Nessa transição, pune a si por desconfiar dos próprios sentimentos; através da dúvida, martiriza o entusiasmo; a consciência limpa já até parece perigosa, como uma espécie de autoengano e fadiga da sinceridade mais sutil; e sobretudo toma-se partido contra "a juventude". Dez anos mais tarde, e percebemos que também tudo isso ainda era juventude!

32) Durante o período mais longo da história da humanidade, o período pré-histórico, deduzia-se o valor ou não valor de um ato por meio de suas consequências: o ato, em si, tão pouco interessante como a sua origem; similar à China de ainda hoje, qualquer distinção ou vergonha do filho se reflete nos pais, era também o efeito retroativo do êxito ou insucesso que fazia o homem pensar bem ou mal de uma ação. Chamemos esse período da humanidade pré-moral: nessa altura, ainda era desconhecido o imperativo "conhece-te a ti mesmo". Nos últimos dez milênios, porém, passo a passo, em algumas partes da Terra, progrediu-se a ponto de já não se considerar o valor de uma ação pelas suas consequências, mas pela sua origem — grande acontecimento, considerável refino do olhar e da medida, efeito inconsciente do reino de valores aristocráticos e da fé na "origem"; em sentido estrito, símbolo de um período o qual denominamos moral: assim, deu-se o primeiro passo para o autoconhecimento. Em vez das consequências, a origem: que inversão de perspectiva! E, certamente, uma inversão conquistada apenas após longas lutas e oscilações. Evidente: uma nova superstição nefasta, uma curiosa estreiteza da interpretação, precisamente por isso, passou a dominar. Interpretou-se a origem de uma ação, no sentido mais preciso,

como derivada de uma intenção, concorda-se em crer que o valor de uma ação reside no valor da sua intenção. A intenção seria toda a origem e história de uma ação: sob esse preconceito se elogiou, censurou, julgou e filosofou moralmente na Terra quase até os nossos dias. Mas, outra vez, não teríamos hoje chegado à necessidade de uma inversão e uma deslocação fundamental dos valores — graças a uma nova reflexão introspectiva e a uma nova profundeza do homem, estamos no limiar de um período que, negativamente, deve-se designar extramoral: hoje, pelo menos entre nós imorais, levanta-se a suspeita de que o valor decisivo de uma ação resida precisamente no que nela há de não intencional, de que toda a sua intencionalidade, tudo que dela se pode ver, saber, "conhecer", pertence ainda à sua superfície e pele, que, como toda pele, denuncia algo e ainda oculta algo ainda mais. Numa palavra, cremos que a intenção é apenas um sintoma que precisa primeiro ser interpretado, e por conseguinte significa muitas e variadas coisas, as quais, por si só, quase nada significam; cremos que a moral, no sentido que teve até agora, ou seja, moral de intenções, foi um preconceito, um produto de precipitação, algo de preliminar talvez, coisa mais ou menos da categoria da astrologia e alquimia, em todo caso, algo a superar. A superação da moral, em certo sentido, mesmo a autossuperação da moral: seja esse o nome para aquele trabalho, longo e secreto, reservado às consciências mais sutis e honestas, também às mais maliciosas de hoje, como vivas pedras de toque das almas.

33) Não há remédio: é preciso responsabilizar e julgar sem piedade os sentimentos de dedicação, de sacrifício pelo próximo, toda a moral de abnegação: tal como a estética da "concepção desinteressada", sob a qual a desmasculinização da arte, muito sedutoramente, tenta hoje dar a si boa consciência. Há muito encanto e açúcar nesses sentimentos de "para os outros", "não para mim", o que obriga a dupla desconfiança, seguida do perguntar: "não serão, talvez, seduções?". O fato de eles agradarem a quem os tem e a quem goza os seus frutos, mesmo ao mero espectador, ainda não constitui argumento a seu favor, mas sim convida à cautela. Sejamos, então, cautelosos!

34) Seja qual for o ponto de vista filosófico que se adote hoje, de qualquer ângulo, o caráter errado do mundo em que julgamos viver é o que de mais seguro e sólido os nossos olhos podem fixar: encontramos razões e mais razões que querem nos seduzir acerca do princípio ilusório na "essência das coisas". Quem, no entanto, através da falsidade do mundo, responsabilizar o nosso próprio pensamento, ou seja, "o espírito" — saída honrosa, trilhada por todo *advocatus dei*[17] consciente ou inconsciente —; quem admitir o erro interpretativo desse mundo com o espaço, tempo, forma e movimento, ao menos terá boas razões para, enfim, aprender a desconfiar do próprio pensamento: ele não nos pregou a maior peça até agora? E que garantia há de que não continue a fazer o que sempre faz? Sério: a inocência dos pensadores tem algo de comovedor e que impõe respeito, o que lhes permite abordar ainda hoje a consciência, pedindo a

17 "Advogado de Deus."

ela respostas honestas: por exemplo, se era "real", e por que, afinal, afastava de si tão resolutamente o mundo exterior, e outras perguntas desse tipo. A crença em "certezas imediatas" é uma ingenuidade moral que honra a nós, filósofos: nós não devemos ser homens "exclusivamente morais". Apartada da moral, aquela crença é uma estupidez que pouco nos honra. Que na vida burguesa a desconfiança seja considerada sinal de "mau-caráter" e listada entre as tolices: aqui entre nós, para além do mundo burguês e do seu "sim" e "não", o que poderia nos impedir das tolices em dizer: o filósofo tem direito ao "mau-caráter"; como o ser que sempre foi enganado, hoje, ele tem o dever da desconfiança e, dos abismos de suspeita, olhar com maldoso soslaio. Que me perdoe o gracejo dessa expressão sinistra: há muito tempo aprendi a pensar diferente, a julgar diferente o enganar e ser enganado, e tenho sempre prontas umas cotoveladas para a fúria cega com que os filósofos se defendem do engano. E por que não? Não passa de um preconceito moral julgar que a verdade valha mais que a aparência: é até a hipótese menos evidente do mundo. Que se admita pelo menos isto: não haveria vida senão à base de apreciações e aparências de perspectivas; e se se quisesse abolir todo o "mundo aparente" com o entusiasmo e a virtuosa idiotice de certos filósofos, supondo que vocês fossem capazes disso, então nada restaria também da sua "verdade"! Sim, o que nos obriga, afinal, a supor a oposição fundamental entre "verdadeiro" e "falso"? Não basta supor graus de aparência, tonalidades, como sombras mais claras e mais escuras, diferentes *valeurs*, para falar na linguagem dos pintores? Por que não será ficção o mundo que nos diz respeito? E a quem perguntar "mas a ficção precisa de um autor?" não lhe poderá responder simplesmente: por quê? Esse "precisar" também não fará parte da ficção? Não será permitido ser um tanto irônico em relação ao sujeito, tal como em relação ao predicado e ao objeto? Não poderá o filósofo elevar-se acima da crença na gramática? Com todo o respeito pelas governantas: não será hora de a filosofia renunciar à crença nas governantas?

35) Ó Voltaire! Ó humanidade! Ó disparate! A "verdade", a procura da verdade, é algo difícil; e, se o homem procede de modo muito humano — *"il ne cherche le vrai que pour faire le bien"*[18] —, aposto que nada encontrará.

36) Supondo que nada seja "dado" como real, a não ser o nosso mundo dos desejos e das paixões, que não possamos desvalorizar ou elevar nenhuma "realidade" que não seja a de nossos impulsos — pois pensar é apenas uma inter-relação desses impulsos —, não será permitido experimentar e perguntar se aquele "dado" não chega para se compreender, por analogia, o também chamado mundo mecanicista (ou "material")? Não entendo o termo no sentido de ilusão, de "aparência", de "representação" (no sentido de Berkeley e de Schopenhauer), mas como pertencendo à mesma categoria de realidade do nosso próprio afeto; como uma forma mais primitiva do mundo dos afetos, no qual ainda existe tudo o que, numa unidade poderosa, depois se ramifica e

18 "Só se buscar a verdade para fazer o bem."

se desenvolve (e, depois, se enternece e enfraquece) no processo orgânico; como uma espécie de vida dos instintos, na qual ainda estão reunidas sinteticamente todas as funções orgânicas, incluindo autorregulação, assimilação, alimentação, eliminação, metabolismo; como uma pré-forma da vida? Enfim, não só é permitido fazer essa tentativa: assim a consciência do método ordena. Não admitir diversas formas de casualidade enquanto não tiver levado até o seu limite extremo (até o disparate, com a licença da palavra) a tentativa de nos contentarmos com um só: é essa a moral do método da qual, hoje, não devemos fugir; isso se deduz "por definição", como um matemático diria. A questão reside, em última análise, em reconhecermos a vontade como realmente ativa, em acreditarmos na casualidade da vontade: se assim fazemos, no fundo, a fé nisso é justamente a nossa fé na própria causalidade; então, devemos fazer a tentativa hipotética de postular a causalidade da vontade como única. É claro que "vontade" só pode atuar sobre "vontade", e não sobre "matéria" (não sobre "nervos", por exemplo). Em suma, deve-se arriscar a hipótese de que, onde se reconhecem "efeitos", vontade atua sobre vontade; e que todo o processo mecânico, desde que nele atue uma força, seja precisamente força de vontade, efeito da vontade. Supondo que se consiga explicar toda a nossa vida instintiva como o desenvolvimento e a ramificação de uma só vontade fundamental, ou seja, da vontade de poder, conforme a minha tese; supondo, enfim, que se possa explicar todas as funções orgânicas por meio dessa vontade de poder, e também se encontre nela a solução do problema da fecundação e da alimentação, que é um só problema, teríamos então o direito de designar toda força atuante, sem erro, como vontade de poder. O mundo visto por dentro, definido e determinado por seu "carácter inteligível", seria justamente "vontade de poder", e nada mais.

37) "Mas como? Em linguagem popular, não desejaria dizer isto: Deus é contestado, o diabo não?" Pelo contrário! Pelo contrário, meus amigos! E quem diabos obriga vocês a falar em linguagem popular!

38) Apesar de toda a luminosidade dos tempos modernos, aconteceu com a Revolução Francesa essa farsa horripilante e supérflua quando vista de perto, na qual os nobres e entusiásticos espectadores de toda a Europa quiseram ver, a distância, a realização das suas próprias revoltas e entusiasmos, durante tanto tempo, com tanta paixão, até o texto se apagar sob as interpretações: do mesmo modo, uma nobre posteridade poderia interpretar mal, uma vez mais, todo o passado e, talvez, só assim tornar suportável o seu aspecto. Antes: isso já não aconteceu? Não fomos nós mesmos essa "nobre posteridade"? E, na medida em que agora o compreendemos, não o deixamos de ser?

39) Ninguém facilmente tomará por verdadeira uma doutrina só porque ela o torna feliz ou virtuoso: exceto, talvez, os amáveis "idealistas" que se entusiasmam pelo Bom, Verdadeiro, Belo e permitem nadar, em seu lamaçal, toda espécie de coisas desejáveis, multicoloridas, tontas e inofensivas. A felicidade e a virtude não são argumentos. Mas de bom grado se esquece, mesmo os espíritos ponderados, de que tor-

nar infeliz e tornar mau tampouco são contra-argumentos. Uma coisa estará certa, embora muitíssimo prejudicial e perigosa; seria possível até fazer parte da estrutura básica da existência perecer quando a reconhece por completo, de forma que a força de um espírito se estime pela quantidade de "verdade" que é capaz de aguentar. Mais claramente, pelo grau em que ele necessitasse diluir, velar, adocicar, embotar, falsificar a verdade. Não resta dúvida no fato de os maus e infelizes serem mais favorecidos e terem mais possibilidade de êxito na descoberta de certas partes da verdade; para não falar dos maus que são felizes, espécie essa sobre a qual os moralistas se calam. É possível que a dureza e a astúcia forneçam condições mais favoráveis para o desenvolvimento do espírito firme do filósofo independente do que aquela benevolência suave, fina, conciliadora e, com razão, aquela arte erudita de não complicar as coisas que se aprecia. Contanto, em primeiro lugar, que não se restrinja o conceito de "filósofo" ao que escreve livros — ou até neles faz propaganda de sua filosofia! Stendhal tanto contribuiu com uma última pincelada no retrato do filósofo de espírito livre que, por amor ao gosto alemão, não quero deixar de sublinhar: pois que vai contra o gosto alemão: "*Pour être bon philosophe*", diz esse último dos grandes psicólogos, "*il faut être sec, clair, sans illusion. Un banquier, qui a fait fortune, a une partie du caractère requis pour faire des découvertes en philosophie, c'est-à-dire pour voir clair dans ce qui est.*"[19]

40) "O que é profundo gosta de máscara; as coisas mais profundas têm mesmo um ódio à imagem e à aparência. Não será o contraste o disfarce adequado ao pudor de um deus?" Aí está um problema digno de atenção: seria de se espantar que um místico qualquer já não tivesse ousado algo semelhante. Existem eventos de caráter tão delicado que convém encobri-los e, por meio de grosseria, torná-los irreconhecíveis; há certas manifestações de amor e de exuberante generosidade, depois das quais nada há de mais aconselhável do que pegar num cajado e surrar a testemunha: assim turva sua memória. Certas pessoas sabem perfeitamente turvar e maltratar a própria memória para, ao menos, vingar-se desse único cúmplice: o pudor é muito engenhoso. Não são as piores coisas que nos causam mais vergonha: não há só maldade por trás da máscara — há bondade na astúcia. Imagino que alguém que precisasse esconder algo valioso e vulnerável rolasse pela vida grosseiro e redondo como um velho e sólido tonel de vinho: a sutileza do seu pudor assim o quer. Para um homem dotado de profundo pudor, os destinos e as decisões delicadas escolhem caminhos por onde poucos se aventuraram, cuja existência nem seus mais íntimos confidentes devem conhecer: escondem-se deles tanto o perigo quanto as antigas certezas na vida. Um homem assim escondido, que por instinto usa a palavra para se omitir e se calar, tem inesgotáveis meios de velar seu pensamento, quer e exige que a máscara tome seu lugar nos corações dos amigos próximos; contudo, supondo que

19 "Para ser um bom filósofo, é preciso ser seco, claro, sem ilusões. Um banqueiro afortunado tem parte do caráter que habilita as descobertas em filosofia, ou melhor, que permite ver claramente aquilo que é."

não mais o quisesse, um dia ele perceberia que, apesar de tudo, só se conhece dele a máscara, e que é bom que assim seja. Todo espírito profundo precisa de uma máscara; direi mesmo: ao redor de todo espírito profundo se ergue uma imensa máscara, graças à interpretação sempre falsa, quer dizer, rasa, de cada palavra, de cada passo, de cada sinal de vida que dá!

41) Devemos dar provas para nós mesmos de que nascemos para a independência e para o comando; e devemos fazê-lo no tempo certo. Não devemos fugir dessas provas — embora talvez sejam o jogo mais perigoso que se possa jogar, talvez sejam provas de que somos as únicas testemunhas, sem nenhum juiz. Não se prenda a uma pessoa, por mais querida que seja: toda pessoa é uma prisão e também um recanto. Não se prenda a uma pátria, nem que se trate da mais sofredora e da mais indefesa: é menos difícil desligar o coração de uma pátria vitoriosa. Não se prenda a um sentimento de piedade: mesmo que ele se dirija a homens superiores, cujo martírio e desamparo o acaso nos deixou vislumbrar. Não se prenda a uma ciência: ainda que nos seduza, com descobertas preciosas que parecem reservadas para nós. Não se prenda ao próprio desprendimento, a essa distância e desligamento voluptuosos da ave que sobe sempre mais alto, para poder vislumbrar sob si um panorama maior: é o perigo do que voa. Não se prenda às próprias virtudes, pois, como um todo, seremos vítimas de uma das nossas qualidades particulares, por exemplo, da nossa "hospitalidade": é o maior dos perigos às almas nobres e ricas, que se sustentam com prodigalidade, quase com indiferença, e desenvolvem a virtude da liberalidade até o vício. É necessário saber nos conservar: mais forte prova de independência.

42) Surge uma nova espécie de filósofos: ouso batizá-los com um nome que não deixa de ser perigoso. Tal como eu noto, tal como eles se deixam notar — pois que faz parte da sua essência parecerem enigmáticos, esses filósofos do futuro podem ter o direito, talvez também o não direito, à nomenclatura de tentadores. Essa denominação não passa afinal de uma tentativa e, caso queiram, de uma tentação.

43) Serão novos amigos da "verdade" esses filósofos vindouros? É bastante provável, pois todos os filósofos amavam, até agora, as suas verdades. Mas certamente não serão dogmáticos. Deve ser contra seu orgulho e contra seu gosto o fato de a sua verdade ser verdade para todos: justamente aquilo que era, até agora, o desejo secreto e o sentido oculto de todas as tendências dogmáticas. "O meu juízo é meu; outro qualquer dificilmente o poderá requerer" dirá, talvez, um tal filósofo do futuro. "Devemos nos livrar do mau gosto de querermos estar de acordo com muitos. 'Bom' deixa de ser bom quando dito pelo vizinho. E como é que poderia haver um 'bem comum'?! A expressão se contradiz: o que é comum tem sempre pouco valor. Por fim, deve ser como é e sempre foi: as coisas grandes são reservadas para os grandes; os abismos, para os profundos; as delicadezas e os arrepios, para as almas delicadas; e, de modo geral, tudo que seja raro, para os raros."

44) Depois de tudo isso, será ainda preciso dizer expressamente que serão também espíritos livres, muito livres, esses filósofos do futuro, embora não sejam apenas espíritos livres, mas algo mais, algo de superior e de fundamentalmente diferente, que não quer ser desconhecido, nem confundido? Mas, ao dizer isso em relação a eles, sinto quase tanto em relação nós, que somos seus arautos e precursores, nós, espíritos livres — sinto o dever de desfazer um velho preconceito e estúpido mal-entendido que, por muito tempo, velou como neblina o conceito de "espírito livre". Em todos os países da Europa, como na América, há algo que agora abusa desse nome, um tipo de espírito muito estreito, preso, algemado, que deseja mais ou menos o contrário do que está nas nossas intenções e instintos, sem mencionar o fato de que eles, em relação aos novos filósofos, devem ser como janelas fechadas e portas aferrolhadas. Para falar sem rodeios, eles fazem parte, infelizmente, dos niveladores, esses espíritos falsamente denominados "livres" — porque são os escravos eloquentes, de folhetim, do gosto democrático e das suas "ideias modernas"; todos eles, homens sem solidão, sem solidão própria, são bons rapazes, simplórios, a quem não se quer negar a coragem nem os modos respeitáveis, mas que são superficiais ao ridículo e não livres: sobretudo por conta da tendência básica de ver, mais ou menos, nas formas dessa velha Sociedade, a causa de todas as misérias humanas e de todos os fracassos — pelo que a verdade é posta de pernas para o ar. O que aspiram com todas as forças é a felicidade geral dos rebanhos no pasto, com a segurança, a ausência de perigos, o bem-estar e a vida fácil para toda gente; as duas cantigas e doutrinas mais repetidas são "igualdade de direitos" e "piedade para aqueles que sofrem", e o próprio sofrimento é considerado por eles algo que se deve superar. Nós de visão inversa, nós que abrimos os olhos e a consciência à questão de saber onde e como se desenvolveu, até aqui, mais vigorosamente a planta "homem", julgamos saber que tal se deu sempre em condições absolutamente inversas; que, para tal, o perigo da sua situação teve que crescer até a enormidade; a sua força inventiva e simuladora (o seu "espírito") teve que se desenvolver sob pressão e constrangimento prolongados, até a audácia e a sutileza; a sua vontade se elevar à absoluta vontade de poder — pensamos que a dureza, a violência, a escravidão, o perigo nas ruas e na alma; que a dissimulação, o estoicismo, a artimanha e os sortilégios de toda ordem, que tudo o que é mau, terrível, tirânico, tudo o que o homem possui de fera e de serpente, tudo isso serve tão bem à elevação da "espécie" humana quanto o seu contrário — e dizendo apenas isso, sequer dissemos o bastante e, tanto pelas nossas palavras como pelo nosso silêncio em todo caso, encontramo-nos no outro extremo de toda a ideologia moderna, de todos os anseios do rebanho: seríamos talvez os antagonistas? Que há de espantoso, pois, em não sermos nós, precisamente, "os espíritos livres", os espíritos mais comunicativos? Em não desejarmos revelar, por todos os motivos, de que pode um espírito se libertar, e talvez para onde seja arrastado em seguida? E no que se refere à perigosa fórmula do "além do bem e do mal", com a qual nos resguardamos, pelo menos, de sermos confundidos: somos coisa bem diferente dos "*libres*

penseurs", dos "*liberi pensatori*"[20], dos "Freidenker" ou de qualquer outra coisa que se queiram chamar esses bons defensores das "ideias modernas". Estivemos em muitos lugares de espírito como em casa ou, pelo menos, como hóspedes; fugimos sempre dos redutos obscuros e agradáveis em que as preferências e os preconceitos, a juventude, a origem, o acaso de homens e livros, ou mesmo as fadigas das peregrinações pareciam nos prender; cheios de malícia diante das atrações de dependência, que se escondem nas honras, no dinheiro, nas funções públicas ou na exaltação dos sentidos; gratos mesmo à miséria e às vicissitudes da doença, já que nos desembaraçam sempre de qualquer regra e do "preconceito" dessa regra; gratos a Deus, ao diabo, à ovelha e ao verme que em nós se escondem; curiosos até o vício, inquiridores até a crueldade, com dedos audaciosos para o intangível, com dentes e estômago para o que há de mais indigesto, prontos para toda profissão que exija sagacidade e agudeza de sentidos; prontos para qualquer aventura, graças a um excesso de "vontade livre"; possuindo almas cujas últimas intenções ninguém desvenda, com fachadas e bastidores que ninguém seria capaz de percorrer, escondidos sob os mantos da luz, conquistadores, embora nos assemelhemos a herdeiros e esbanjadores; coordenadores e colecionadores da manhã à noite, avaros das nossas riquezas e das nossas gavetas abarrotadas, econômicos no aprender e no esquecer, inventivos nos sistemas, algumas vezes orgulhosos das categorias, às vezes pedantes, às vezes solitários do trabalho noturno, mesmo em pleno dia; quando necessário, também espantalhos, e hoje isto impõe-se: quero dizer, na medida em que somos os amigos inatos, jurados e ciumentos da solidão, da nossa própria solidão mais profunda de meio-dia e meia-noite — é essa a espécie de homens que somos, nós, espíritos livres! E talvez vocês sejam assim, vocês que virão; vocês, novos filósofos?

CAPÍTULO 3

O CARÁTER RELIGIOSO

45) A alma humana e suas demarcações até atingir as experiências humanas interiores, os cumes, as profundezas e as distâncias dessas experiências, toda a história da alma até o momento, as suas possibilidades ainda não esgotadas: eis o terreno de caça destinada ao psicólogo inato e amigo de "animais selvagens". Mas quantas vezes ele diz a si mesmo com desespero: "Coitado de mim, que estou tão só nessa floresta vasta e inexplorada!". Então, deseja para si centenas de auxiliares de caça e cães de caça bem-treinados que perseguiriam na história da alma humana pistas de

20 "Livres-pensadores."

sua presa. Em vão: ele verifica sempre de novo intensamente, com amarga decepção, o quanto é difícil encontrar auxiliares e cães para tudo o que justamente aguça sua curiosidade. O inconveniente de se enviar sábios para novos e perigosos terrenos de caça, em que a coragem, a sagacidade e a finura, sob todos os aspectos, são necessárias, reside no fato de que os sábios perdem a utilidade quando começa a "grande caçada", mas também o grande perigo: é então que perdem o olfato e o olhar perspicaz. Para adivinhar e estabelecer, por exemplo, qual foi a história do problema da ciência e da consciência na alma dos "*homines religiosi*", seria talvez necessário ser tão profundo, tão ofendido e tão enorme como o era a consciência intelectual de Pascal: e, então, seria ainda necessário esse horizonte vasto de clara e maliciosa espiritualidade, capaz de ver de cima, de ordenar e formular esse caos de perigosas e dolorosas experiências. Mas quem me prestaria esse serviço?! Quem esperaria por semelhantes auxiliares?! São muito raros, evidentemente, e o seu aparecimento é sempre inverossímil! Afinal, para saber alguma coisa, é necessário fazer tudo sozinho: isto é, há muito a se fazer! Mas uma curiosidade como a minha continua a ser o mais agradável dos vícios — perdão! Quis dizer que o amor à verdade tem sua recompensa no céu e já sobre a Terra.

46) A fé, tal como a exigiu e não raras vezes alcançou o primeiro cristianismo, em meio a um mundo cético e de livre pensadores meridionais, que tinha atrás de si uma luta secular de escolas filosóficas, sem esquecer a educação de tolerância que o Império romano ministrava: essa fé é bem diferente da crença de súdito fiel, ingênua e rabugenta, com a qual um Lutero, um Cromwell ou qualquer outro bárbaro nórdico do espírito se dedicou ao seu Deus ou ao seu cristianismo; lembra muito mais aquela fé de Pascal, que se assemelha assustadoramente a um contínuo suicídio da razão — uma razão tenaz, teimosa, de verme, impossível de eliminar de uma só vez e de um só golpe. A fé cristã é, desde o princípio, sacrifício: sacrifício de toda independência, de todo orgulho, de toda autoconfiança do espírito e, ao mesmo tempo, servilismo, autoescárnio, automutilação. Há crueldade e flagelação religiosa nessa fé que se impõe à consciência fraca, complicada e muito melindrosa: ela pressupõe que a submissão do espírito cause dores indescritíveis, que todo o passado e os hábitos de tal espírito se revoltem contra esse *absurdissimum*, com que essa "fé" se revela. Os homens modernos, acomodados à nomenclatura cristã, já não sentem o que havia de terrivelmente superlativo, para o gosto antigo, no paradoxo da fórmula "Deus crucificado". Nunca e em parte alguma houve, até agora, tamanha audácia na inversão de ideias, coisa tão terrível, tão angustiante e problemática como esta fórmula: ela prometia uma transmutação de todos os valores antigos. É o Oriente, o Oriente profundo, o escravo oriental que assim se vingou de Roma, de sua tolerância nobre e frívola, que se vingou desse "catolicismo" romano da fé: e não foi sempre a fé, mas a ausência dela, essa negligência sorridente e semiestoica diante da sua seriedade, que indignou os escravos e os revoltou contra seus senhores! O "Iluminismo" revolta: pois o escravo quer alguma coisa de absoluto, não compreende senão o que

é tirânico em moral, ele ama como odeia, sem subterfúgios, até as profundezas, até a dor, até a doença; o seu grande sofrimento oculto se revolta contra o gosto nobre, que parece negar o sofrimento. O ceticismo em relação ao sofrimento, que não é, no fundo, mais que uma atitude da moral aristocrática, foi uma das causas, e não a menor, da última grande revolta de escravos, iniciada com a Revolução Francesa.

47) Onde quer que até agora se tenha manifestado na Terra a neurose religiosa, vamos encontrá-la ligada a três perigosas prescrições dietéticas: a solidão, o jejum e a castidade, sem que, no entanto, possamos decidir com segurança do que aí é a causa, do que é efeito e se existe alguma relação de causa e efeito. Essa dúvida é justificada, se considerarmos que tanto nos povos selvagens como nos civilizados a voluptuosidade mais repentina e mais exuberante também faz parte dos sintomas mais regulares dessa neurose, uma voluptuosidade que a seguir se transforma também de repente em crises de penitência, negação do mundo e negação da vontade: não poderia interpretar-se uma e outra tendência como epilepsia mascarada? Mas em parte alguma deveríamos evitar interpretações: em torno de nenhum tipo se desenvolveu tanta insensatez e superstição, nenhum outro parece, até agora, interessar mais os homens, e mesmo os filósofos: já é hora de acalmar um pouco, de cultivar a cautela, melhor, de desviar o olhar, de partir. Mesmo no fundo da mais recente filosofia, a filosofia schopenhaueriana, encontra-se, quase como o problema em si, esse espantoso ponto de interrogação da crise e do despertar religiosos. Como é possível a negação da vontade? Como é possível o homem santo? Na verdade, parece que foi esse o problema com o qual Schopenhauer começou e se tornou filósofo. E, assim, foi uma genuína consequência schopenhaueriana o fato de o seu discípulo mais convicto (talvez também o último, no que diz respeito à Alemanha), refiro-me a Richard Wagner, ter completado justamente aqui a sua própria obra, levando à cena esse tipo terrível e imortal na figura de Kundry, *type véc*[21], em carne e osso; e isso quando os médicos alienistas de quase toda Europa tinham uma ocasião para o estudar de perto, onde a neurose religiosa, eu a chamo "religiosidade", tinha produzido, sob o nome de "Exército da Salvação", a sua última erupção epidêmica. Se perguntar, porém, o que pareceu tão extraordinariamente interessante, em todo esse fenômeno do homem santo, aos homens de todas as classes e de todos os tempos, mesmo aos filósofos, responderão, sem dúvida alguma, que é a aparência de milagre que rodeia esse fenômeno, isto é, a sucessão imediata de contrastes, de estados de alma moralmente opostos: julgava-se obter aqui a transformação repentina de um "homem mau" num "santo", num homem bom. Até agora, a psicologia emperrou nesse assunto: não seria sobretudo porque se colocara sob o domínio da moral, porque ela própria acreditava na oposição dos valores morais e introduzia ela própria essas oposições no texto e nos fatos, interpretando-os depois? Como? O "milagre" seria apenas um erro de interpretação? Uma falta de filologia?

21 "Tipo vivido."

48) O catolicismo parece pertencer mais intimamente às raças latinas que todo o nosso cristianismo a nós, homens do Norte, e por conseguinte, a incredulidade tem, nos países católicos, um significado totalmente diferente daquele dos países protestantes — seria uma espécie de revolta contra o espírito da raça, ao passo que, entre nós, é antes um regresso ao espírito (ou à falta de espírito) da raça. Nós, homens do Norte, sem dúvida devemos a nossa origem às raças bárbaras, mesmo no que se refere à nossa predisposição para a religião: somos mal dotados para ela. Com exceção dos celtas que, por essa razão, forneceram o melhor terreno à propagação da infecção cristã no Norte: na França, o ideal cristão floresceu tanto quanto o permitiu o pálido sol do Norte. Como parecem estranhamente piedosos, ao nosso gosto, mesmo esses últimos céticos franceses, ainda que tenham na sua origem algum sangue celta! Como a sociologia de Auguste Comte, com a sua lógica romana dos instintos, tem para nós um cheiro de catolicismo, de algo não alemão! Como é jesuítico esse amável e sagaz cicerone de Port Royal, Sainte-Beuve, apesar de toda hostilidade contra os jesuítas! E, se pensarmos em Ernesto Renan: como parece inacessível a nós, homens do Norte, essa linguagem de um Renan em que, a cada instante, alguma tensão religiosa perturba o equilíbrio da sua alma, voluptuosa em sentido sutil e de uma luxúria tão delicada! Repita com ele estas belas frases — logo ressoa a maldade e insolência na nossa verdadeira alma, menos bela e mais dura, ou seja, na nossa alma mais alemã! *"Disons donc hardiment que la religion est un produit de l'homme normal, que l'homme est le plus dons le vrai quand il est le plus religieux et le plus assuré d'une destinée infinie... C'est quand il est bon qu'il veut que la vertu corres ponde à un ordre éternel, c'est quand il contemple les choses d'une manière désintéressée qu'il trouve la mort révoltante et absurde. Comment ne pas supposer que c'est dans ces moments-là que l'homme voit le mieux?"*[22] Essas frases são tão antagônicas aos meus ouvidos e hábitos que a primeira vez que as vi um movimento de cólera me fez escrever na margem: *"la niaiserie religieuse par excellence!"*[23], até que, por fim, o meu último ímpeto de cólera me fez amá-las, com a sua verdade de pernas para o ar! É tão simpático e tão distinto termos os nossos próprios antagonismos!

49) O que espanta na religiosidade dos antigos gregos é a abundância desenfreada de gratidão que ela irradia: é uma nobre espécie de homens que assumem tal atitude diante da vida! Mais tarde, quando a turba prepondera na Grécia, o recreio invade também a religião, e prepara-se o cristianismo...

22 "Digamos, então, com audácia, que a religião é produto do homem normal, que o homem está mais próximo da verdade quando ele é mais religioso e mais confiante num destino infinito... É quando ele é bom que deseja que a virtude pertença a uma ordem eterna, é quando ele contempla as coisas de maneira desinteressada que acha a morte revoltante e absurda. Como não supor que, nesses momentos, o homem enxerge melhor?"

23 "A baboseira religiosa por excelência!"

50) A paixão por Deus: existe a de tipo tosco, sincero e importuno, como a de Lutero: em todo protestantismo falta a *delicatezza* meridional. Há nele uma insanidade oriental, como um escravo, imerecidamente liberto ou emancipado, como em Santo Agostinho, por exemplo, que, de uma maneira ofensiva, carece de toda nobreza nas atitudes e nos desejos. Há uma ternura e um ardor femininos, que, repletos de timidez e ignorância, aspiram uma "*unio mystica et physica*"[24], como em Madame de Guyon. Em numerosos casos, essa paixão aparece, de modo bastante estranho, como disfarce da puberdade de uma garota ou de um adolescente; por vezes mesmo como histeria de uma velha solteirona e como sua última ambição — por mais de uma vez, a Igreja canonizou a mulher em casos como esse.

51) Até agora, os homens mais poderosos se inclinaram sempre com veneração diante do santo, como se fosse o enigma do autodomínio e da extrema e intencional privação. Por que se inclinaram? Percebiam nele, por trás do ponto de interrogação que sua aparência frágil e miserável inspirava, a força superior que quer se afirmar por meio de tal sujeição — a força da vontade, em que reconheciam e veneravam a sua própria força e prazer em dominar: honrando o santo, honraram algo de si mesmos. Além disso, o aspecto do santo os tornava desconfiados: semelhante monstruosidade de negação, antinatureza, não seria desejada por nada, perguntaram a si mesmos. Existe talvez um motivo, um enorme perigo, de que o asceta, graças aos seus próximos e aos seus visitantes secretos, poderia estar mais bem informado? De qualquer modo, os poderosos da terra aprenderam, diante dele, um novo receio, descobriram um novo poder, um inimigo estranho que não fora ainda vencido — foi a "vontade de poder" que os obrigou a parar diante do santo. Eram forçados a interrogá-lo.

52) No "antigo testamento" judaico, no livro da justiça divina, há homens, coisas e discursos de tão grande estilo, que não dá para comparar às literaturas grega e hindu. É com receio e veneração que se fica extático ante esses vestígios grandiosos do que o homem era outrora e se terá uma triste ideia da velha Ásia e da sua península pequenina, a Europa, que a todo custo queria representar o "progresso do homem", em relação à Ásia. É verdade que aquele que não passa de um animal doméstico, dócil e magro, e não conhece senão as necessidades de animal doméstico (semelhante aos nossos homens cultos de hoje, incluindo os cristãos "cultos") não tem o direito de se espantar, menos ainda de ficar triste entre essas ruínas — o gosto pelo Antigo Testamento é uma pedra de toque, no que diz respeito ao "grande" e ao "pequeno": talvez encontre o Novo Testamento, o livro da graça, mais de acordo com o seu coração (há nele muito do autêntico cheiro adocicado e mofado dos beatos e das almas pequenas). Ter reunido esse Novo Testamento, espécie de rococó do bom gosto, sob todos os aspectos, com o Antigo Testamento num só livro, a que se chamou "Bíblia",

24 "União mística e física."

o "livro dos livros", terá sido talvez o maior atrevimento, o maior "pecado contra o espírito" que pesa na consciência literária da Europa.

53) Por que hoje há ateísmo? O "pai" em Deus está fundamentalmente refutado; e também o "juiz", o "recompensador". O mesmo acontece ao seu "livre-arbítrio": ele não ouve e, mesmo que ouvisse, não seria capaz de ajudar. O pior é que ele parece incapaz de se comunicar claramente: será ele obscuro? Eis o que descobri em múltiplas conversas, perguntando, escutando, como causas da decadência do teísmo europeu; parece-me que o instinto religioso está, na verdade, a desenvolver-se de forma poderosa, mas rejeita justamente a satisfação teísta com profunda desconfiança.

54) O que faz, afinal, toda a filosofia moderna? Desde Descartes, e isso mais a despeito dele do que com base nele, os filósofos cometem um atentado contra o velho conceito de alma, sob a aparência de uma crítica do conceito do sujeito e do predicado, isto é, um atentado contra o postulado da doutrina cristã. A filosofia moderna como ceticismo teórico do conhecimento é, abertamente ou às ocultas, anticristã: dito aos ouvidos mais sutis, de modo algum antirreligiosa. Outrora acreditava-se na alma, como se acreditava na gramática e no sujeito gramatical — dizer: "eu" é condição; "penso", predicado e condicionado; pensar é uma atividade, para a qual é necessário supor um sujeito como causa. Tentou-se, então, com uma tenacidade e uma astúcia admiráveis, sair dessa teia, ver se o contrário não poderia, talvez, ser verdadeiro: "penso" é condição; "eu", condicionado; "eu" seria, portanto, só uma síntese feita pelo próprio pensamento. No fundo, Kant queria demonstrar que o sujeito não podia ser demonstrado a partir do sujeito, o mesmo em relação ao complemento: a possibilidade de uma existência aparente do sujeito individual, portanto, da "alma", não poderia ser sempre estranha — esse pensamento que, como a filosofia vedanta, já existiu e teve enorme poder na Terra.

55) Há uma grande escada de crueldade religiosa, com muitos degraus, mas três deles são os mais importantes. Outrora eram sacrificados homens, talvez os mais amados, ao seu deus; eram desse tipo as oferendas dos primórdios, em todas as religiões pré-históricas, e o sacrifício do imperador Tibério na gruta de Mitra da ilha de Capri, este o mais arrepiante de todos os anacronismos romanos. Mais tarde, durante a época moral da humanidade, eram sacrificados, ao seu deus, os instintos mais fortes possuídos, a própria "natureza"; é esta alegria festiva que brilha no olhar cruel do asceta, do entusiasmado "contra a natureza". E, finalmente, o que ficava ainda para sacrificar? Não teve, por fim, que sacrificar tudo o que era consolador, sagrado e salutar, toda esperança, toda fé na harmonia oculta, em bem-aventuranças e justiças futuras? Não deveria sacrificar o próprio Deus, e, por crueldade própria, adorar a pedra, a estupidez, o que é pesado, o destino, o nada? Sacrificar Deus ao nada — esse mistério paradoxal da extrema crueldade foi reservado à geração que está por vir: todos nós já conhecemos algo dele.

56) Quem, como eu, com um desejo enigmático, se esforçou, durante muito tempo, por meditar no pessimismo até suas profundezas e libertar da estreiteza e ingenuidade meio cristãs, meio alemãs, sob o aspecto em que nos apareceu ultimamente neste século, quero dizer, sob forma de filosofia schopenhaueriana; quem uma vez penetrou efetivamente, com um olhar asiático e superasiático, na mais negativa de todas as maneiras possíveis de pensar além do bem e do mal, e não mais, como Buda e Schopenhauer, sob o encanto e a ilusão da moral. Desse modo, abriu os olhos, talvez sem desejar, para o ideal contrário: para o ideal do homem mais exuberante, mais vivo, mais otimista do mundo, que não aprendeu apenas a se resignar e a se reconciliar com aquilo que foi e que é, mas que o deseja outra vez e para sempre tal como foi e tal como é, gritando sem cessar "de novo", não somente para si, mas para a peça inteira, todo o espetáculo; e não apenas para um espetáculo, mas, no fundo, para aquele que necessita deste e o torna necessário: por sempre precisar de si de novo e se tornar preciso. Como? Não seria isso um deus *circulus vitiosus?*[25]

57) Com a força do seu olhar intelectual e da visão de si mesmo, cresce a distância e, de certo modo, o espaço que circunda o homem: o seu mundo torna-se mais profundo, avistam-se continuamente estrelas novas, imagens novas e novos enigmas. Talvez tudo aquilo em que o olhar do espírito exercitou a sua sagacidade e profundeza tenha sido apenas um pretexto para esse exercício, um jogo e algo infantil; e talvez, um dia, os conceitos mais solenes, os que provocaram maiores lutas e maiores sofrimentos, os conceitos de "Deus" e do "pecado", não signifiquem, para nós, mais do que um brinquedo e um desgosto de criança significam para um velho — então, talvez o "idoso" tenha necessidade de outro brinquedo e, ainda, com certo desgosto de continuar a ser muito criança, eterna criança!

58) Nota-se, quanto ao ócio exterior, ou semiócio, como é necessário a uma verdadeira vida religiosa (tanto ao microscópico trabalho favorito do exame de consciência como a essa doce resignação que se chama "oração" e que é um perpétuo estado de preparação para a "vinda de Deus"), ou seja, essa ociosidade com consciência tranquila, de longa tradição, à qual não é completamente estranho o sentimento aristocrático de que o trabalho desonra, isto é, que torna a alma e o corpo vulgares? E que, por consequência, a atividade laboriosa moderna, estridente, absorvente, orgulhosa de si por estupidez, prepara e predispõe, mais do que todo resto, à "incredulidade"? Entre aqueles que vivem hoje, por exemplo, na Alemanha, desligados da religião, encontro homens de "livre-pensamento", de origens e de espécies diferentes, mas, sobretudo, uma maioria daqueles cuja atividade laboriosa dissolveu, de geração em geração, os instintos religiosos: de modo que já nem sabem para que servem as religiões e apenas registram, numa espécie de espanto apático, a sua presença na Terra. Essas excelentes

25 "Deus como círculo vicioso."

pessoas já se encontram muito absorvidas, quer por seus afazeres, quer por seus prazeres, para não falar da "pátria", dos jornais e dos "deveres da família" — parece que não lhes sobra tempo para a religião, também porque não percebem lá muito bem se ela se trata de um novo negócio ou de um novo divertimento, porque é impossível, dizem para si mesmas, que se vá à igreja somente para estragar a boa disposição. Não são inimigas dos costumes religiosos; é exigida, em certos casos, como o Estado, sua participação nesses costumes; é feito o que é pedido, como são feitas outras coisas com uma seriedade paciente e modesta, sem muita curiosidade nem mal-estar: elas vivem muito à margem e fora de tudo isso, para achar necessário ter opinião pró ou contra. A maior parte dos protestantes alemães das classes médias, sobretudo dos grandes centros industriais e comerciais, hoje faz parte dos indiferentes; e, da mesma maneira, a maioria dos eruditos laboriosos e todos os acessórios da Universidade (exceção feita aos teólogos, cujas existência e possibilidade de lá existirem oferecem ao psicólogo um enigma cada vez mais difícil de solucionar). Entre os homens piedosos ou simplesmente favoráveis à Igreja, raramente se imagina quanta boa vontade, pode se dizer de vontade arbitrária, é precisa hoje para que um sábio alemão leve a sério o problema da religião; de acordo com seu ofício (e, como indiquei, de acordo com o trabalho do artesão a que sua consciência moderna o obriga), inclina-se a uma serenidade superior, quase benevolente, com a religião, uma serenidade à qual se mistura por vezes um ligeiro desprezo, por causa da "sujidade" do espírito, que imagina em todos aqueles que dizem pertencer à Igreja. É só com o auxílio da História (e não, portanto, por sua experiência pessoal) que o sábio chega a considerar as religiões com uma respeitosa gravidade, a ter por elas um certo respeito retraído; mas, mesmo que tivesse elevado seu sentimento pela religião até a gratidão, não chegaria próximo, pessoalmente, do que subsiste ainda sob o nome de Igreja ou de piedade; talvez o contrário. A indiferença prática pelas questões religiosas, em meio às quais ele nasceu e foi educado, costuma nele se refinar em asseio e cautela no contato com os homens e as coisas da religião; e pode ser justamente sua profunda tolerância e humanidade que o fazem evitar a sutil situação de emergência que a própria tolerância traz consigo. Cada época possui seu próprio tipo divino de ingenuidade, cuja invenção outras épocas podem invejar: e quanta ingenuidade, ingenuidade venerável, infantil e infinitamente desajeitada, existe nessa crença na superioridade do erudito, na consciência tranquila da sua tolerância, na certeza simples e ingênua de que o seu instinto trata o homem religioso como um tipo inferior e de menor valor, que ele mesmo o ultrapassou em todos os sentidos — ele, o anãozinho pretensioso e plebeu, o aplicado e hábil operário intelectual, manual, das "ideias", das "ideias modernas"!

59) Aquele que sondou o universo a fundo percebe muito bem quanta sabedoria reside no fato de os homens serem superficiais. É o seu instinto de conservação que os ensina a serem fugazes, ligeiros e falsos. Aqui e ali aparece um culto apaixonado e exagerado das "formas puras", tanto para os filósofos como para os artistas: que ninguém duvide que aquele que tem assim necessidade do culto da superfície não

tenha feito, em qualquer altura, uma incursão para debaixo dela. Talvez haja mesmo uma espécie de hierarquia entre essas crianças que receiam o fogo por terem se queimado, entre os artistas inatos que encontram o prazer da vida só na intenção de falsear a imagem (uma espécie de vingança, demorada na vida): poderíamos estimar o grau de desgosto que lhes inspira a vida, pela medida em que eles a querem ver falseada, esfumaçada, sublimada, divinizada — inclusos os *homines religiosi* entre os artistas como sua categoria mais elevada. É o profundo e desconfiado medo, de um pessimismo incurável, que obriga milênios inteiros a se agarrarem com unhas e dentes a uma interpretação religiosa da existência: o medo desse instinto que pressente conhecer a verdade muito cedo, antes que o homem tenha se tornado forte, duro, artista o suficiente... A piedade, a "vida em Deus" assim considerada, apareceria como a última e a mais sutil criação do medo diante da verdade, como uma adoração e uma embriaguez de artista perante a mais coerente de todas as falsificações, como a vontade de inverter a verdade, a vontade de inverdade a todo preço. Talvez, até agora, não se dispusesse de meio mais poderoso que a piedade para embelezar o próprio homem: por ela, o homem pode se tornar arte, superfície, jogo de cores, bondade, a tal ponto que já não sofremos com o seu aspecto.

60)Amar por amor de Deus foi, até agora, o sentimento mais distinto e mais remoto alcançado entre os homens. Que o amor ao próximo, sem qualquer segunda intenção santificadora, é mais uma estupidez e bestialidade, que a tendência para esse amor ao próximo, só graças a uma tendência superior, recebeu toda sua medida, sua sutileza, seu grãozinho de sal, seu pozinho de âmbar: qualquer que tenha sido o homem que primeiro sentiu e "viveu" tudo isso, por mais que a língua se enrole ao tentar exprimir essa doçura, será sempre sagrado e venerável como o homem que até agora voou mais alto e que se perdeu da maneira mais bela!

61) O filósofo tal como nós, os espíritos livres, o entendemos: como o homem da mais ampla responsabilidade, com a consciência da evolução total do homem; esse filósofo se servirá das religiões para a sua obra de seleção e educação, do mesmo modo que se servirá das condições imprevistas da política e da economia do seu tempo. A influência seletiva, educadora, ou seja, a influência tanto destrutiva como criadora e modeladora que se pode exercer por meio das religiões, é diversa e múltipla, segundo o tipo de homens sob seu domínio e proteção. Para os homens fortes e independentes, preparados e predestinados ao comando, nos quais se encarna a razão e a arte de uma raça dominante, a religião é mais um meio de vencer obstáculos para poder dominar: é um elo que une senhores e servos, que trai e entrega aos primeiros as consciências dos últimos, o que possuem de mais oculto e íntimo, que gostaria de se esquivar à obediência; e, no caso de certas naturezas nobres se inclinarem, por elevada espiritualidade, para uma existência mais retirada, mais contemplativa, e não reservarem para si senão o tipo mais delicado de domínio (exercido sobre discípulos escolhidos ou membros de uma confraria), a religião pode mesmo

ser utilizada como meio de se livrar do barulho e das canseiras do governo mais grosseiro, como meio de lavar as mãos da sujeira inerente a toda ação política. Era assim que o entendiam, por exemplo, os brâmanes: com auxílio de uma organização religiosa, atribuiu-se o poder de nomear ao povo os seus reis, enquanto eles próprios se mantinham à parte e fora, como homens de missões superiores, mesmo ao poder real. Entretanto, a religião serve também de guia a uma parte dos dominados, dando-lhes ocasião para se prepararem para um dia dominar e comandar; quer dizer, àquelas classes e camadas mais fortes que surgem lentamente e nas quais, graças a costumes matrimoniais felizes, o vigor e a força de vontade e a vontade de autodomínio se acentuam continuamente: a esses, a religião oferece muitas ocasiões e incitamentos para seguirem os caminhos da espiritualidade superior, para experimentarem as sensações da grande vitória sobre si mesmos, do silêncio e da solidão — o ascetismo e o puritanismo são meios de educação e de enobrecimento quase indispensáveis, desde que uma raça pretenda superar a sua origem plebeia e se elevar ao domínio futuro. Aos homens vulgares, enfim, aos mais numerosos, àqueles que existem para servir, para serem úteis ao bem comum, e que só assim têm direito à existência, a religião proporciona um conformismo inestimável diante da sua situação, trazendo paz ao coração, enobrecimento da sua obediência, além de uma felicidade e uma dor iguais às dos seus, como uma espécie de transfiguração e de embelezamento, uma espécie de justificação da vida quotidiana, de toda baixeza, de toda pobreza quase animal de sua alma. A religião e a significação religiosa da vida lançam um raio de sol em tais seres, sempre atormentados, e torna-lhes suportável até o seu próprio aspecto; ela age como uma filosofia epicurista costuma agir nos sofredores de uma classe mais elevada, fortificando, refinando, utilizando, por assim dizer, o sofrimento, e até chega a santificá-lo e a justificá-lo. Talvez nada exista no cristianismo e no budismo tão digno de respeito como a arte de ensinar os mais baixos a se elevarem, pela religiosidade, a uma fictícia ordem superior das coisas e a se contentarem, assim, com a verdadeira ordem em que vivem muito duramente — e é necessária justamente essa dureza!

62) Enfim, para apresentar também o grave contrabalanço dessas religiões e expor o seu perigo inquietante: sempre se paga terrivelmente caro pelo fato de as religiões não atuarem como meio de castigo e de educação na mão do filósofo; pelo contrário, agirem por si mesmas, soberanas, quando pretendem ser fins últimos, e não meios, ao lado de outros meios. No homem, como nas outras espécies animais, há um excedente de indivíduos defeituosos, degenerados, enfermos e, necessariamente, sofredores. Os casos bem-sucedidos são sempre exceções, e mesmo no homem são exceções raras, se considerarmos que o homem é um animal cujas qualidades ainda não estão determinadas. Mas ainda existe algo pior: quanto mais elevado for o tipo que um homem representa, mais se torna improvável o seu bom desenvolvimento; o acaso, a lei do contrassenso em toda economia humana, aparece da maneira mais terrível no seu efeito devastador sobre os homens superiores, cujas condições vitais

são sutis, múltiplas e difíceis de avaliar. Ora, qual é a atitude das duas maiores religiões a respeito desse excesso dos casos falhos? Ambas procuram conservar, manter na vida o que de algum modo se permite; melhor ainda, elas, como religiões para os que sofrem, por princípio, tomam o mesmo partido por esses casos falhos, dão razão a todos que padecem da vida como de uma doença e desejariam conseguir que qualquer outro sentimento da vida fosse considerado falso e se tornasse impossível. Por mais valioso que se considere esse cuidado carinhoso e conservador, na medida em que se aplica e se aplicava ao tipo superior de homem, quase sempre também ao tipo mais sofredor: feitas as contas, as religiões que existem até hoje, ou sejam, as soberanas, são uma das principais causas que mantiveram o tipo "homem" num nível inferior — elas contêm em si muito do que devia perecer. Devemos ser gratos a eles por serviços inestimáveis; e quem consegue ser grato o suficiente, a ponto de não se sentir apequenado, por exemplo, diante do que os "homens" espirituais do cristianismo fizeram até agora pela Europa? E, no entanto, enquanto elas consolavam aqueles que sofrem, encorajavam os oprimidos e os desesperados, apoiavam os irresolutos; enquanto atraíam para os claustros e as penitenciárias da alma os corações despedaçados e os espíritos desvairados: o que faltava ainda para trabalhar de consciência limpa, tão sistematicamente, na conservação de tudo o que está doente e de tudo o que sofre, isto é, trabalhar efetivamente para a piora da raça europeia? Pôr todas as valorações de pernas para o ar, eis o que elas tinham que fazer! Quebrar os fortes, amortecer as grandes esperanças, tornar suspeita a felicidade na beleza, transformar tudo o que é soberano, viril, conquistador e dominador, todos os instintos próprios ao tipo "homem" mais elevado e mais bem gerado, em incerteza, miséria de consciência, autodestruição, inverter todo amor às coisas terrenas e ao domínio da Terra em ódio contra a Terra, contra o terreno, eis a tarefa que a Igreja se impôs e que teve de se impor, até que, finalmente, em sua avaliação, "libertação da Terra", "libertação dos sentidos" e "homem superior" se fundiram num sentimento único. Supondo que se conseguisse abranger, com o olhar de escárnio e indiferente de um deus epicurista, a comédia singularmente dolorosa, ao mesmo tempo grosseira e sutil, desempenhada pelo cristianismo europeu, creio que seríamos tomados de um espanto e de um riso sem fim: não parece que uma vontade dominou a Europa durante dezoito séculos, para fazer do homem um sublime aborto? Mas quem se aproximasse, com necessidades contrárias, não mais como epicurista, mas armado de qualquer martelo divino, dessa degenerescência e desse definhamento quase arbitrários do homem, que é o Europeu cristão (Pascal, por exemplo), esse não deveria gritar com cólera, piedade e espanto: "ó desajeitados, presunçosos e piedosos desajeitados, o que vocês fizeram? Era essa uma obra para as suas mãos? Como deformaram e estragaram a minha mais linda pedra! Como se atreveram?". Eu queria dizer que o cristianismo foi, até hoje, a mais funesta das presunções. Homens que não eram elevados, duros o suficiente, para dar forma ao homem como artistas; homens que não eram fortes e cautelosos o suficiente para deixar reinar, com um sublime autodomínio, a lei primordial da degeneração e do perecimento nas suas múltiplas faces; homens que não eram nobres o suficiente para a hierarquia, a diversidade profunda, o abismo que separam o homem do homem: foram homens assim quem conduziram, até hoje, os destinos da Europa, com o seu princípio de "igualdade perante Deus", até que apareceu enfim uma espécie menor, quase ridícula, um animal de rebanho, algo de dócil, de doentio e de medíocre, o Europeu de hoje!

CAPÍTULO 4

MÁXIMAS E INTERLÚDIOS

63) Quem for mestre em essência leva todas as coisas a sério apenas em relação aos seus alunos — até a si mesmo.

64) Amar "o conhecimento pelo conhecimento", eis a última ratoeira posta pela moral: com tal conceito, mais uma vez ficamos embaraçados nela.

65) O encanto do conhecimento seria pequeno se, no caminho que a ele conduz, não precisasse vencer tanto pudor.

65-**A)** É com o seu deus que as pessoas são mais desonestas: ele não tem o direito de pecar!

66) A tendência para se rebaixar, deixar-se roubar, mentir e explorar podia ser o pudor de um deus entre os homens.

67) O amor exclusivo é uma barbaridade: pois se exerce à custa de todos os outros. O mesmo vale ao amor a Deus.

68) "Eu fiz isso", diz a minha memória. "Não posso ter feito isso", diz o meu orgulho e mantém-se inflexível. Por fim, é a memória que cede.

69) Observou mal a vida quem não se atentou também à mão que, delicadamente, mata.

70) Se tiver caráter, tem-se também a sua vivência típica que sempre se repete.

71) O sábio como astrônomo. Enquanto sentir as estrelas como algo "acima", ainda lhe falta o olhar de quem procura o conhecimento.

72) Não é a intensidade dos sentimentos elevados que faz os homens superiores, mas a sua duração.

73) Quem atinge o seu ideal, ultrapassa-o justamente por isso.

73-**A)** Certos pavões escondem a sua cauda de todos os olhos — isso se chama orgulho.

74) Um homem de gênio é insuportável se não possuir, ao menos, duas outras qualidades: gratidão e asseio.

75) O grau e o tipo de sexualidade de um homem atingem até o mais elevado cume de seu espírito.

76) Em tempo de paz, o guerreiro ataca a si mesmo.

77) Com seus princípios, querem tiranizar, justificar, honrar, amaldiçoar ou mesmo esconder seus hábitos: dois homens com princípios iguais querem, de fato, algo bastante diverso.

78) Quem despreza a si mesmo, ainda assim, não deixa de se respeitar como desprezador.

79) Uma alma que sabe ser amada, mas não ama, denuncia o seu fundo: vem à superfície o que nela há de mais baixo.

80) Uma coisa que se explica deixa de nos interessar. O que queria dizer aquele deus ao aconselhar: "conhece-te a ti mesmo"? Significaria: "deixa de te importares contigo! Torna-te objetivo!". E Sócrates? E o "homem científico"?

81)É terrível morrer de sede, no mar. Por que então vocês salgam a sua verdade de modo a não matar a sede?

82) "Piedade para com todos" seria dureza e tirania contigo, senhor meu próximo!

83) O instinto. Quando a casa está a arder, as pessoas se esquecem até do almoço. Mas, depois, alimentam-se sobre as cinzas.

84) A mulher aprende a odiar na medida em que desaprende o encanto.

85) Os mesmos afetos são diferentes, no entanto, no homem e na mulher, quanto à velocidade: é por isso que homem e mulher sempre se desentendem.

86) As próprias mulheres, no fundo de toda vaidade pessoal, têm sempre um desprezo impessoal pelo gênero.

87) Coração preso, espírito livre. Se prende-se fortemente o coração e dele se tomam as rédeas, pode-se dar muitas liberdades ao espírito: já disse isso uma vez. Mas não acreditaram em mim, a não ser que já o saibam.

88) Começamos a desconfiar das pessoas muito inteligentes quando ficam constrangidas.

89) As vivências terríveis fazem o protagonista se perguntar se ele mesmo não é alguém terrível.

90) Os homens sérios e melancólicos ficam mais leves graças ao que torna os outros pesados, o ódio e o amor — e, assim, ficam de vez em quando no seu nível.

91)Tão frio, tão glacial que queima os dedos! Cada mão que nele pega assusta-se! E é justamente por isso que alguns o consideram ardente.

92) Quem, em prol da sua boa reputação, já não sacrificou a si mesmo uma vez?

93) Na bondade não há resquício de misantropia, mas, justamente por isso, muito desprezo pelo homem.

94) Maturidade do homem: isso significa reencontrar a seriedade que se tinha nas brincadeiras da infância.

95) Ter vergonha da própria imoralidade é um degrau na escada em cujo extremo se tem vergonha também da própria moralidade.

96) Devemo-nos despedir da vida como Ulisses se despediu de Nausica, mais abençoando que apaixonado.

97) Como? Um grande homem? Eu apenas vejo o ator, representando o seu próprio ideal.

98) Quando adestramos a nossa consciência, ela nos beija ao mesmo tempo que nos morde.

99) Fala o desiludido: "Eu esperava um eco, e só ouvi elogios".

100) Diante de nós mesmos, fingimos ser mais ingênuos do que somos: é desse modo que descansamos de outros homens.

101) Hoje, um homem que procura o conhecimento é muito suscetível a se sentir como um deus feito animal.

102) O amor correspondido devia realmente tirar as ilusões de quem ama, acerca do amado. "Como? É modesto o suficiente para te amar, até mesmo a ti? Ou estúpido o suficiente? Ou, ou..."

103) O perigo na felicidade. "Agora tudo está bem, agora amo qualquer destino: quem está disposto a ser o meu destino?".

104) Não é o seu amor pelos homens, mas a impotência desse amor que impede os cristãos de hoje de nos queimarem.

105) Para o espírito livre, o que possui a "religião do conhecimento" a *pia frau*[26] é mais contrária ao gosto (à sua "religiosidade") do que a *impia fraus*[27]. Daí a sua profunda incompreensão da Igreja, que faz parte do seu tipo de "espírito livre", a sua submissão.

106) Graças à música, as paixões desfrutam a si mesmas.

107) Uma vez tomada a decisão de não dar ouvidos mesmo ao melhor contra-argumento: sinal de caráter forte. Por conseguinte, há uma vontade ocasional de ser estúpido.

108) Não há fenômenos morais, apenas interpretação moral de fenômenos.

109) O criminoso não está, muitas vezes, à altura do seu crime: ele torna-o mesquinho e o difama.

110) Os advogados de um criminoso só raras vezes são artistas o suficiente para aproveitar a terrível beleza do ato, a favor de quem o cometeu.

111) É mais difícil ferir a nossa vaidade justamente quando foi ferido o nosso orgulho.

26 "Fraude piedosa."

27 "Mentira piedosa."

112) Quem se sente predestinado à contemplação, e não à fé, acha os crentes muito barulhentos e impertinentes — evita-os.

113) "Você quer conquistar a simpatia de alguém? Finja-se, diante dele, embaraçado".

114) A enorme expectativa quanto ao amor sexual, a vergonha provocada por essa expectativa, estraga, de antemão, todas as perspectivas das mulheres.

115) Onde não intervém o amor ou o ódio, a mulher sai de modo medíocre.

116) As grandes épocas da nossa vida são aquelas em que adquirimos a coragem de considerar o que em nós há de mau como o melhor.

117) A vontade de superar um afeto não é, por fim, senão vontade de outro ou de vários outros afetos.

118) Há uma inocência na admiração: é a daquele a quem ainda não passou pela cabeça que também ele poderia, um dia, ser admirado.

119) O nojo pela porcaria pode ser tão grande que impede que nos purifiquemos, que nos "justifiquemos".

120) A sensualidade ultrapassa muitas vezes o crescimento do amor, de forma que a raiz permanece fraca e se arranca facilmente.

121) Revela sutileza o fato de, ao querer ser escritor, Deus ter aprendido grego — e não ter aprendido melhor.

122) Em certas pessoas, o alegrar-se com um elogio é apenas delicadeza do coração e justamente o contrário de vaidade do espírito.

123) Também o concubinato foi corrompido pelo casamento.

124) Quem ainda se rejubila na fogueira não triunfa sobre a dor, mas sobre o fato de não sentir dor onde a esperava. Uma parábola.

125) Se temos que mudar de opinião a respeito de alguém, ficamos muito mal com o incômodo que isso nos causa.

126) Um povo é o rodeio da Natureza para chegar a seis ou sete grandes homens. Sim: para depois se desviar deles.

127) * Todas as verdadeiras mulheres sentem uma espécie de pudor para com a ciência. Têm a sensação de que lhes olha por baixo da pele; pior ainda, por baixo dos vestidos.

128) Quanto mais abstrata for a verdade que você ensina, mais precisará direcionar os sentidos para ela.

129) O diabo tem as mais vastas perspectivas para Deus, por isso é que se mantém tão longe dele: o diabo, ou seja, o mais velho amigo do conhecimento.

130) Começa-se a perceber o valor de alguém quando o seu talento começa a enfraquecer, quando deixa de mostrar do que é capaz. O talento também é um adorno; um adorno também é um esconderijo.

131) Os sexos enganam-se mutuamente: e isso porque, no fundo, só se estimam e amam a si mesmos (ou o seu próprio ideal, para dizer de modo mais amável). Assim, o homem quer que a mulher seja pacífica, mas justamente a mulher é essencialmente conflituosa como a gata, por mais habilidade que tenha em ter aparência pacífica.

132) É pelas próprias virtudes que se é mais bem castigado.

133) Quem não sabe encontrar o caminho para o seu ideal vive de modo mais leviano e insolente do que o homem sem ideal.

134) É dos sentidos que vem toda autenticidade, toda boa consciência, toda evidência da verdade.

135) A desonestidade não é uma degeneração do homem bom: pelo contrário, boa parte dele é mesmo a condição prévia para ser bom.

136) Procure um parteiro para os seus pensamentos, e alguém que possa auxiliá-lo: é assim que nasce uma boa conversa.

137) No convívio com sábios e artistas, a gente facilmente se engana no sentido oposto: não é raro encontrarmos por trás de um sábio notável um homem medíocre e, muitas vezes, por trás de um artista medíocre, um homem muito notável.

138) Fazemos acordados o que fazemos nos sonhos: primeiro inventamos e imaginamos a pessoa com quem convivemos, para nos esquecermos disso em seguida.

139) Na vingança e no amor, a mulher é mais bárbara que o homem.

140) Conselho em forma de charada: "Para o laço não se romper, primeiro se deve mordê-lo".

141) É o ventre que impede o homem de considerar-se um deus.

142) O preceito mais pudico que já ouvi: "*Dans le véritable amour c'est l'âme, qui enveloppe le corps*".[28]

143) Nossa vaidade gostaria que o que fizéssemos de melhor fosse aquilo que mais nos custasse — eis a origem de certas morais.

144) ** Se uma mulher tem inclinações científicas, é porque, em geral, há algo de errado na sua sexualidade. A esterilidade dispõe a uma certa masculinidade do gosto; o homem é, com sua licença, "o animal estéril".

145) Comparando, em seu conjunto, homem e mulher, pode se dizer: a mulher não seria habilidosa para se enfeitar se não tivesse o instinto do segundo papel que desempenha.

146) Quem luta com monstros deve ter cautela para que não se transforme também em monstro. E se você olha, durante muito tempo, para dentro do abismo, o abismo também olha para dentro de você.

147) *** Trecho das velhas novelas florentinas, mas, além disso, fato vivido: *buona femmina e mala femmina vuol bastone.*[29] Sacchetti, Nov. 86.

148) Induzir o próximo a ter boa opinião de nós e, depois, acreditar piamente nessa boa opinião: quem consegue imitar, nessa habilidade, as mulheres?

149) O que uma época considera mau é, em geral, resíduo do que outrora foi considerado bom — o atavismo de um ideal envelhecido.

150) Ao redor do herói, tudo se torna tragédia; ao redor do semideus, sátira; ao redor de Deus, como tudo se torna? "Mundo", talvez?

151) Não basta ter talento: é preciso que vocês o aprovem, não é verdade, meus amigos?

28 "No verdadeiro amor, a alma envolve o corpo."

29 "Boa mulher, má mulher, querem bastão."

152) "Onde estiver a árvore do conhecimento, também está o paraíso": é assim que falam as serpentes mais velhas e as mais novas.

153) O que se faz por amor é sempre feito para além do bem e do mal.

154) A objeção, o desvio, a serena desconfiança, o deboche são sinais de saúde: tudo o que é absoluto pertence à patologia.

155) O sentido do trágico aumenta e diminui com a sensualidade.

156) A loucura é rara nos indivíduos, mas é regra nos grupos, nos partidos, nos povos, nas épocas.

157) A ideia do suicídio é uma grande consolação: ajuda a passar bem muitas noites más.

158) Não é só a razão — também a consciência se submete ao nosso instinto mais forte, ao tirano que habita em nós.

159) É preciso retribuir o bem e o mal: mas por que justamente à pessoa que nos fez bem ou mal?

160) Logo que comunicamos os nossos conhecimentos, deixamos de gostar deles o bastante.

161) Os poetas são despudorados em relação às suas vivências: exploram-nas.

162) "O nosso próximo não é o nosso vizinho, mas o vizinho do vizinho", assim pensam todos os povos.

163) O amor revela as qualidades sublimes e ocultas daquele que ama, o que nele há de raro, de excepcional: nesse sentido, facilmente engana quanto ao que nele há de normal.

164) Jesus disse aos seus judeus: "A lei foi feita para servos, amai Deus como eu o amo, como seu filho! Que importa a nós, filhos de Deus, a moral!".

165) Diante de qualquer partido, um pastor precisa sempre de um carneiro condutor, ou, em certas ocasiões, ele próprio tem de ser carneiro.

166) É verdade que se mente com a boca, mas a careta que se faz ao mesmo tempo diz, apesar de tudo, a verdade.

167) Em homens duros, a intimidade é questão de pudor; é algo de precioso.

168) O cristianismo deu veneno a Eros: ele, na verdade, não morreu, mas se degenerou no vício.

169) Falar muito de si também pode ser um meio de se esconder.

170) No elogio há mais de impertinência do que na censura.

171) A piedade, num homem que busca o conhecimento, quase faz rir, como as mãos delicadas num ciclope.

172) Às vezes, por amor aos homens, abraça-se um qualquer (porque não se pode abraçar toda gente): mas é justamente isto que não se deve revelar ao tal um qualquer...

173) Não se odeia enquanto se despreza, mas só quando se considera algo igual ou superior.

174) Vocês, utilitaristas, amam também todos os *utile* apenas como veículo das suas inclinações; no fundo, também acham insuportável o barulho de suas rodas?

175) Em suma, amam-se os desejos, e não o objeto desses desejos.

176) A vaidade dos outros ofende nosso gosto se ofende nossa vaidade.

177) Talvez ninguém tenha sido verídico o suficiente a respeito do que é a "veracidade".

178) Ninguém acredita nas tolices das pessoas sensatas: que desrespeito aos direitos humanos!

179) As consequências das nossas ações agarram-nos pelos cabelos, sem nada se importarem com o fato de, entretanto, nós termos "melhorado".

180) Há uma inocência na mentira que é sinal de boa-fé numa causa.

181) É desumano abençoar, quando nos amaldiçoam.

182) As familiaridades de um homem superior irritam, por não poderem ser retribuídas.

183) Fiquei magoado — não porque você mentiu, mas por não mais acreditar em você.

184) Há uma exuberância na bondade que parece ser maldade.

185) "Ele me desagrada." Por quê? "Não estou à sua altura." Algum homem já respondeu assim?

CAPÍTULO 5

DA HISTÓRIA NATURAL DA MORAL

186) O sentimento moral é agora, na Europa, tão sutil, tardio, múltiplo, irritável e refinado, semelhante à jovem, noviça, séria e grosseira "ciência da moral": contraste atraente que, por vezes, se torna visível e se incorpora na pessoa do moralista. Já o termo "ciência da moral" é, em relação ao que por ele é chamado muito pretensioso, contrário ao bom gosto: o qual costuma ser sempre um antegosto das palavras mais modestas. Deve-se confessar, com todo o rigor, o que, nesse campo, ainda é necessário por muito tempo, o que, por enquanto, é a única coisa com razão — a saber, reunião de materiais, formulação e coordenação conceitual de um imenso reino de delicados sentimentos e diferenças valorativas, que vivem, crescem, geram e morrem, e, talvez, tentativas de concretizar as formações mais frequentes e repetidas dessa cristalização viva como preparação para uma tipologia da moral. Evidentemente: até agora ninguém foi tão modesto. Os filósofos logo se ocupavam da moral como ciência, exigiam de si mesmos, com uma seriedade cerimoniosa que fazia rir, algo de muito mais elevado, pretensioso, solene: pretendiam a fundamentação da moral, e todo filósofo julgou ter fundamentado a moral; a própria moral, porém, era considerada como "clara". Quão longe do seu orgulho essa aparentemente modesta tarefa estava de descrever a moral, embora, para sua realização, as mãos e os sentidos mais delicados mal a tenham tocado! Justamente porque os filósofos da moral conheciam os fatos morais, apenas os extratos arbitrários ou as abreviações casuais, como moralidade do seu meio ambiente, da sua classe, da sua igreja, do espírito da sua época, clima, continente, justamente porque estavam mal informados quanto aos povos, tempos, épocas passadas, e nem disso queriam saber, é que não chegaram sequer a vislumbrar os verdadeiros problemas da moral — que todos eles apenas aparecem quando se comparam muito os morais. Em toda "ciência da moral" apresentada até hoje, falta ainda, por mais fantástico que possa parecer, o problema da própria moral: falta a suspeita de que pudesse nela existir algo de problemático. O que os filósofos chamavam "fundamentação da moral" e se propunham a realizar era, na ótica adequada, apenas uma forma erudita da boa-fé na moral dominante, mais um meio de dar expressão a ela, ou

seja, um conjunto de circunstâncias dentro de determinada moral, e, por fim, mesmo uma espécie de negação de que essa moral pudesse, sequer, ser concebida como problema — em todo caso, o contrário de exame, análise, dúvida, biotomia dessa fé! Veja, por exemplo, com que inocência quase venerável Schopenhauer apresenta ainda a sua própria tarefa, e acompanhemos suas conclusões sobre o caráter científico de uma "ciência" cujos mestres mais recentes falam ainda como as crianças ou como as velhinhas: "o princípio", diz ele, "o princípio sobre o qual todos os moralistas estão, no fundo, de acordo: *neminem laede, immo omnes, quantum potes, juva*,[30] esta é, no fundo, a proposição que todos os professores de moral se esforçam por fundamentar... O fundamento propriamente dito da ética que, como a pedra filosofal, se procura há milhares de anos". Certamente será grande a dificuldade em demonstrar a citada proposição, e é notório que Schopenhauer também não tenha conseguido; e quem uma vez sentiu profundamente quão insípida, falsa e sentimental é essa proposição num mundo cuja essência é a vontade de poder — esse, que se recorde que Schopenhauer, embora pessimista, no fundo tocava flauta... todos os dias, após o almoço: leia-se, a esse respeito, a sua biografia. E já agora ocorre perguntar: um pessimista, um negador de Deus e do mundo, que se detém diante da moral, que diz sim a ela e toca flauta para acompanhar essa moral do *laede-neminem*:[31] será ele, no fundo, um pessimista?

187) Abstraindo ainda do valor de afirmações como "há, dentro de nós, um imperativo categórico", pode-se sempre perguntar: o que nos diz tal afirmação a respeito de quem a faz? Há morais que se destinam a justificar, aos outros, o seu autor; outras visam acalmá-lo e deixá-lo bem disposto consigo; com outras se deseja crucificar e humilhar a si mesmo; com outras quer se vingar, ou se esconder, ou se transfigurar e se colocar nas alturas e distâncias; esta moral serve para o seu autor esquecer, aquela para o autor se fazer esquecer de si ou algo de si; certo moralista desejaria exercer sobre a humanidade o seu poder e o seu capricho criador; outro, talvez justamente Kant, daria a entender com a sua moral: "o que há de respeitável em mim é o fato de eu saber obedecer, e com você deve ocorrer o mesmo que comigo!". Numa palavra, as morais também não passam de uma linguagem simbólica dos afetos.

188) Toda moral, ao contrário do "*laisser aller*",[32] tem tanta tirania contra a "natureza" e também contra a "razão": mas isso ainda não constitui argumento contra ela, a não ser que, com base numa moral qualquer, se decretasse que era condenável toda espécie de tirania e falta de razão. O essencial e incalculável em toda moral é o fato de ela ser uma longa imposição: para compreender o estoicismo ou Port-Royal ou o puritanismo, convém lembrarmos da imposição sob a qual, até agora, qualquer língua conseguiu obter força e liberdade — da imposição métrica, da tirania da rima

30 "Não machuque ninguém, antes, o quanto puder, ajude a todos."

31 "Não prejudique ninguém."

32 "Deixar ir."

e do ritmo. Quanta complicação resultou daí, em todos os povos, para os poetas e os oradores! Não excetuando alguns prosadores de hoje, em cujos ouvidos habita uma consciência implacável "por amor de um absurdo", como dizem os imbecis utilitaristas, convencidos da sua esperteza, "por submissão a leis arbitrárias", como dizem os anarquistas, julgando-se assim "livres", até mesmo espíritos livres. Fato estranho, porém, é que o que existe e o que existiu de liberdade, de sutileza, de arrojo, de ligeireza e de segurança magistral, quer no próprio pensar, quer no governar, quer no falar e no persuadir, nas artes e nas moralidades, só se desenvolveu graças à "tirania de tais leis arbitrárias"; e, falando sério, é bastante provável que justamente isso seja "natureza" e "natural", e de modo algum aquele "*laisser aller*"! Todo artista sabe quão longe da sensação do deixar andar está o seu estado "mais natural", o livre ordenar, pôr, dispor, criar nos momentos de "inspiração" e quão rigorosa e sutilmente ele obedece então a leis múltiplas que zombam de toda formulação por meio de conceitos, justamente em virtude da sua dureza e precisão (o conceito mais rigoroso, comparado a elas, tem algo de vago, múltiplo, ambíguo). O essencial, "no Céu e na Terra" é, repito, que se obedeça, durante muito tempo e num só sentido: a longo prazo, pois isso conseguia e consegue-se ainda algo pelo que vale a pena viver na Terra, por exemplo, virtude, artes plásticas, música, dança, racionalidade, espiritualidade, qualquer coisa que sublima, que é refinada, louca, divina. A longa escravidão do espírito, a desconfiada imposição na comunicabilidade dos pensamentos, a disciplina que o pensador se impôs no sentido de pensar dentro de uma orientação dada pela Igreja ou pela Corte ou sob pressupostos aristotélicos, a persistente vontade espiritual de interpretar segundo um esquema cristão tudo o que acontece, e de redescobrir e justificar o Deus cristão ainda em todas as ocorrências, tudo que é violento, arbitrário, duro, terrível, contrário à razão, se revelou o meio pelo qual se criou a força, a curiosidade impiedosa e a mobilidade sutil do espírito europeu; não se pode negar que, assim, se suprimiu, sufocou e estragou uma quantidade insubstituível de força e espírito (pois aqui, como em toda parte, a "Natureza" mostrou-se tal como é, em toda sua grandiosidade pródiga e indiferente que revolta, mas que é nobre). Durante milhares de anos, os pensadores europeus só quiseram demonstrar algo; atualmente, pelo contrário, é esperado que todo pensador "pretenda demonstrar algo"; para eles sempre esteve claro o que havia de resultar como produto do seu pensar mais agudo, como, por exemplo, outrora na astrologia asiática ou, ainda hoje, na inocente interpretação cristã-moralista dos acontecimentos mais pessoais como sendo "em honra de Deus" e "para a Salvação da Alma" — essa tirania, essa arbitrariedade, essa rigorosa e grandiosa estupidez educaram o espírito; ao que parece, a escravidão, no sentido mais grosseiro ou no mais sutil, é também o meio indispensável de disciplina e educação espirituais. Considere-se sob esse aspecto qualquer moral: é o que nela há de "natureza" que ensina a odiar o "*laisser aller*", a enorme liberdade, e que implanta a necessidade de horizontes limitados, de tarefas mais modestas, que ensina, como condição necessária à vida e ao crescimento, o estreitamento da perspectiva e, portanto, em certo sentido, a estupidez. "Você deve obedecer seja quem for e por muito tempo: senão você estará arruinado e perderá o último resto de respeito por si mesmo"— é isso o que me parece o imperativo moral da natureza que, claro, não é nem categórico, como queria o velho Kant (daí o "senão"), nem se dirige ao indivíduo (que importa o indivíduo!), mas aos povos, às raças, às épocas, às castas e, sobretudo, a todo o animal "homem", à espécie homem.

189) As raças laboriosas têm grande dificuldade de suportar a ociosidade: foi um golpe de mestre do instinto inglês santificar e tornar o domingo chato de tal modo que o inglês aspira inconscientemente ao seu trabalho da semana: como uma espécie de jejum criado e intercalado de modo inteligente, como aquele que se encontra também no Mundo Antigo (embora não propriamente a respeito do trabalho, como é óbvio nos países meridionais). É preciso haver jejuns de muitas espécies; e, onde reinam instintos e hábitos poderosos, os legisladores precisam intercalar dias em que um desses instintos seja acorrentado e aprenda a passar fome. Encaradas sob um ponto de vista mais largo, gerações e épocas inteiras, quando se apresentam com qualquer fanatismo moral, aparecem como o equivalente desses períodos de jejum impostos à força, durante os quais um instinto aprende a submeter-se e a curvar-se, mas também a purificar-se e a refinar-se; também certas seitas filosóficas (como o Estoicismo no meio da cultura helenística e da sua atmosfera tornada lasciva e sobrecarregada de perfumes afrodisíacos) permitem interpretações semelhantes. Assim se explica, de certo modo, também o paradoxo da sublimação do instinto sexual, sob pressão de juízos de valor cristãos, em amor (*amour-passion*), justamente no período cristão da Europa.

190) Há qualquer coisa na moral de Platão que, efetivamente, não pertence a Platão, mas apenas se encontra na sua filosofia, diria: trata-se do socratismo, para o qual ele tinha, no fundo, muita distinção. "Ninguém deseja prejudicar a si mesmo e, por isso, todo mal que se faz é involuntário, já que o mau se prejudica a si mesmo: não o faria se soubesse que o mal é mau. Por conseguinte, o mau só é mau por engano; desfazendo o engano, necessariamente será bom." Esse tipo de silogismo cheira a plebe, a qual, no agir mal, só encara as más consequências e, no fundo, acha que "é estúpido agir mal", ao passo que admite, sem mais, "bom" sendo idêntico a "útil e agradável". Em todo o utilitarismo da moral, pode-se admitir essa mesma origem, e ao seguir o seu faro raras vezes se perde o caminho. Platão fez todos os esforços por introduzir uma interpretação sutil e distinta na doutrina de seu mestre; sobretudo, para introduzir ele mesmo — o mais audacioso dos intérpretes —, depreciou Sócrates como a um tema ou uma canção popular, para variá-lo até o infinito e ao impossível: ou seja, em suas próprias máscaras e multiplicidades. Gracejando, e ainda por cima com graça homérica: que é o Sócrates platônico, senão:

πρόσθε Πλάτων όπιθεν τε Πλάτοων μέσση
τε χιμαιρα.[33]

33 "Platão na frente, Platão atrás, Quimera no meio."

191) O velho problema teológico da "fé" e do "saber" ou, mais claramente, do instinto e da razão, é a questão de se saber se, na avaliação das coisas, o instinto merece mais autoridade do que a razão, a qual deseja que se aprecie e aja segundo motivos, segundo um "por quê?" e, isto é, segundo as conveniências e a utilidade — continua a ser o velho problema moral que apareceu pela primeira vez na pessoa de Sócrates, e já muito antes do cristianismo que separou os espíritos. É verdade que o próprio Sócrates, com o gosto do seu talento de um dialético superior, colocou-se primeiro do lado da Razão; e, na verdade, o que fez ele toda vida senão rir da incapacidade desajeitada dos aristocráticos atenienses, que eram homens de instinto, como todos os aristocratas, e impotentes o bastante para deixar claro os motivos da sua conduta? Porém, afinal, também riu de si com sua máscara: descobriu em si, sondando a sua consciência, a mesma dificuldade, a mesma incapacidade. Mas por que, perguntou consigo, rejeitar por isso os instintos? Deve-se ajudá-los e também à razão, devem-se seguir os instintos, mas persuadir a razão a apoiá-los com bons argumentos. Essa foi a verdadeira falsidade daquele grande irônico rico em mistérios; ele convenceu sua consciência para se contentar com uma espécie de autoengano: no fundo, ele percebeu o que há de irracional nos juízos morais. Platão, mais inocente nessas coisas e sem a esperteza irônica do plebeu, quis persuadir a si mesmo com toda a força — a maior força já desenvolvida por um filósofo — de que a razão e o instinto se dirigem espontaneamente para um só alvo, o bem, "Deus". Desde Platão, os teólogos e filósofos trilham o mesmo caminho, isto é, em questões morais venceu, até agora, o instinto, ou a "fé", como dizem os cristãos, ou o "rebanho", como digo eu. Exceto Descartes, pai do racionalismo (e por conseguinte, avô da Revolução), que apenas concedeu autoridade à razão: mas a razão é apenas um instrumento, e Descartes era superficial.

192) Quem investigou a história de uma ciência individual encontra na sua evolução um fio condutor para a compreensão dos processos mais velhos e vulgares de todo o "saber e conhecer": em uns e outros, desenvolveram-se primeiro as hipóteses prematuras, as fantasias, a boa e estúpida vontade de ter "fé", a ausência de desconfiança e paciência — os nossos sentidos só tarde aprendem, e nunca completamente, a serem órgãos sutis, fiéis e circunspectos do conhecimento. Para os nossos olhos, é mais fácil recriar, por algum motivo, uma imagem já criada várias vezes, que fixar uma impressão nova, diferente: fazer isto requer mais força, mais "moralidade". É penoso e difícil para o ouvido escutar algo de novo; ouvimos mal a música estranha. Ao ouvirmos outra língua, involuntariamente tentamos adaptar os sons ouvidos às palavras que nos sejam familiares: foi assim que o alemão, em tempos, transformou a palavra "arcubalista", que tinha ouvido, em "Armbrust". O que é novo afeta também os nossos sentidos com uma disposição hostil e contrariada; de modo geral, já nos processos "mais simples" da sensualidade dominam os afetos como o medo, o amor, o ódio, incluindo os afetos passivos da preguiça. Um leitor, hoje, não lê todas as palavras (e muito menos as sílabas) de uma página; pelo contrário, escolhe, ao acaso, mais ou menos cinco dentre vinte, "presumindo"

o sentido que efetivamente pertence a essas cinco palavras; igualmente, não vemos uma árvore de modo exato e completo, detalhando suas folhas, ramos, cor e forma; mais fácil imaginar algo mais ou menos parecido com uma árvore. Mesmo em meio às vivências mais estranhas, procedemos da mesma maneira: inventamos a maior parte da vivência e dificilmente não contemplamos, como "inventores", qualquer acontecimento. Tudo isso quer dizer: estamos fundamentalmente, e desde sempre, habituados a mentir. Ou, em termos mais virtuosos e hipócritas, enfim, mais agradáveis: somos muito mais artistas do que nós próprios imaginamos. Numa conversa animada, vejo muitas vezes o rosto da pessoa com quem estou conversando erguer-se com tanta nitidez e tão bem definido, conforme o pensamento que ela exterioriza ou que acredito lhe ter provocado, que esse grau de nitidez ultrapassa de longe minha capacidade visual: a sutileza do jogo muscular e da expressão dos olhos deve, portanto, ser um produto da minha imaginação. Provavelmente, a pessoa fazia uma cara completamente diferente ou não fazia cara nenhuma.

193) "*Quidquid luce fuit, tenebris agit*":[34] mas também o oposto. O que nós vivemos em sonhos muitas vezes acaba por fazer parte da economia doméstica da nossa alma, tal como algo "realmente" vivido: somos, graças a eles, mais ricos ou mais pobres, temos uma necessidade a mais ou a menos, e acabamos conduzidos, em plena luz do dia, e mesmo nos momentos mais serenos do nosso espírito desperto, um pouco pelos hábitos impostos pelos nossos sonhos. Supondo que alguém, ao sonhar, tenha voado muitas vezes e que, logo no início do sonho, tenha consciência da sua capacidade de voar, como um privilégio seu, até como de uma felicidade só sua e invejável: tal sujeito julgou poder realizar, com o mais leve impulso, toda espécie de curvas e desvios, conhecerá a sensação de uma certa leviandade divina, de um "para cima" sem tensão nem imposição, de um "para baixo" sem descida e humilhação, sem peso! Como é que a pessoa com experiências e hábitos de sonhos desse tipo não iria encontrar, para o dia claro, a palavra "felicidade" com cor e definição diferentes — como não iria desejá-la de modo diferente? A "elevação", como descrevem os poetas, comparada a esse "voar", será para ele, necessariamente, muito terrena, muscular, violenta, muito "pesada".

194) A diversidade dos homens manifesta-se não só na diversidade das suas categorias de bens, ou seja, no fato de considerarem como desejáveis bens diferentes, discordando também a respeito do maior ou menor valor, da hierarquia dos bens reconhecidos por todos eles comumente: ela se manifesta mais ainda no que eles consideram realmente como propriedade e posse de um bem. A respeito de uma mulher, por exemplo, o mais modesto considera, como sinal suficiente e satisfatório de propriedade e posse, o fato de dispor do corpo e de satisfazê-lo sexualmente; outro, com a sua sede de posse mais desconfiada e mais exigente, vê o "ponto de interrogação", o que há de apenas aparente em tal posse, e exige provas mais sutis, sobretudo para

34 "O que ocorre na luz influi as trevas."

saber se a mulher não só se entrega, mas também se, por ele, renuncia ao que tem ou gostaria de ter: só assim é a considera "possuída". Um terceiro, porém, ainda não para aqui com sua desconfiança e sua vontade de possuir e há de se perguntar se a mulher, renunciando a tudo por ele, porventura não o faz pelo fantasma em que o tornou: quer, primeiro, ser conhecido profunda, mesmo abismalmente, para de todo poder ser amado; ousa se deixar transpassar. Só terá a sensação plena da posse da amada se ela já não tiver se iludido a seu respeito, se ela o ama tanto por sua maldade diabólica e sua insaciabilidade oculta, como por sua bondade, sua paciência e sua espiritualidade. Aquele que desejasse possuir um povo: para tal, deve dispor de todas as habilidades de um Cagliostro e de um Catilina. Outro ainda, com sede de posse mais refinada, dirá: "Não se deve enganar quando se deseja possuir", estará irritado e pensa, impaciente, que seja uma máscara sua que comanda o coração do povo: "É preciso, portanto, que me deixe conhecer e, acima de tudo, que conheça a mim mesmo!". Entre as pessoas solícitas e caridosas, encontra-se quase regularmente aquela astúcia grosseira que imagina, do seu jeito, aquele que quer ajudar: pretendem que, por exemplo, ele "mereça" o seu auxílio, requeira precisamente o seu auxílio e que se mostre a elas profundamente grato, dedicado e submisso por todo o auxílio recebido; com essas fantasias dispõem do necessitado como de uma propriedade, pois é esse mesmo desejo de propriedade que as torna solícitas e caridosas. Ficam ciumentas quando nos antecipamos a elas ou chegamos ao mesmo tempo a prestar auxílio a alguém. Os pais, sem querer, fazem do seu filho algo de semelhante a si; chamam a isso "educação" — não há mãe que, no fundo do seu coração, duvide de ter parido com o filho uma propriedade, nem pai que se negue o direito de o poder sujeitar aos seus conceitos e juízos de valor. Sim, outrora os pais achavam justo dispor, a seu bel-prazer, da vida e da morte do recém-nascido (como entre os velhos germanos). E, tal como o pai, ainda hoje o professor, a classe, o sacerdote, o príncipe consideram todo novo homem uma indiscutível ocasião de nova posse. De onde se segue...

195) Os judeus, povo "nascido para a escravidão", como dizia Tácito com todo o mundo antigo, "povo eleito entre os povos", como eles mesmos dizem e creem, os judeus realizaram aquele milagre da inversão dos valores, graças ao qual a vida na terra recebeu, por milênios, um novo e perigoso encanto. Os seus profetas fundiram "rico", "ímpio", "mau", "violento", "sensual" num só conceito e deram pela primeira vez um sentido injurioso à palavra "mundo". Nessa inversão de valores (na qual cabe empregar a palavra "pobre" como sinônimo de "santo" e de "amigo"), reside a importância do povo judaico: com ele começa a revolta dos escravos na moral.

196) É preciso deduzir a existência de inúmeros corpos escuros ao lado do sol, corpos que nunca chegaremos a ver. Isso, aqui entre nós, é uma parábola; e um psicólogo moralista lê toda escrita estrelar apenas como uma linguagem de símbolos e sinais que permite calar muita coisa.

197) Entende-se muito mal o animal feroz e o homem feroz (por exemplo, César Bórgia), entende-se mal a "natureza", enquanto se procura uma "morbidez" na base do mais saudável de todos os monstros e plantas tropicais, ou até um "inferno" que lhes seja inato, como fizeram até agora quase todos os moralistas. Não parece que nos moralistas existe um ódio à selva e aos trópicos? E que é preciso desacreditar, a qualquer preço, o "homem tropical", quer como manifestação de doença e degeneração do homem, quer como seu próprio inferno e seu próprio martírio? Mas por quê? A favor das "zonas temperadas"? A favor dos homens moderados? Daqueles que "têm moral"? Dos medíocres? Isso para o capítulo "A moral como receio".

198) Todas essas morais que se destinam ao indivíduo para construir sua "felicidade", como se diz, o que são, senão propostas de conduta em relação ao grau de perigo em que o indivíduo vive consigo mesmo; remédios contra as suas paixões, suas tendências boas e más, enquanto possuem a vontade de poder e querem representar o papel de Senhor; pequenas e grandes manhas e artifícios, cheirando a velhos remédios caseiros e sabedoria de velhinhas, barrocas e irracionais na forma, porque se destinam a "todos", porque generalizam onde não se deve generalizar, falando de modo absoluto, tomando-se elas próprias por absolutas, todas elas não só temperadas com um grão de sal, mas apenas suportáveis, e por vezes até sedutoras, quando passam a exalar um cheiro ultratemperado e perigoso, cheira a outro mundo, sobretudo: tudo isto, de um ponto de vista intelectual, vale pouco e está muito longe de ser 'ciência' e mais ainda de ser 'sabedoria', mas é, repito-o: esperteza, esperteza, esperteza, misturada com estupidez, estupidez, estupidez — quer se trate dessa indiferença e frieza de estátua para com a tolice calorosa dos afetos que os estoicos aconselhavam e ensinavam a adquirir; ou desse estado de já-não-se-rir e já-não-chorar de Espinosa, da destruição e dissecação dos afetos pela análise, tão ingenuamente defendido por ele; ou daquele rebaixamento dos afetos a uma mediania inofensiva, na qual poderão satisfazer-se: o aristotelismo na moral; ou até da moral como usufruto dos afetos, numa intencional diluição e espiritualização, pelo simbolismo da arte, sob forma de música, por exemplo, ou de amor a Deus e ao homem, amor em nome de Deus — porque, na religião, as paixões voltam a ter direitos de cidadania, contanto que...; por fim, mesmo daquele abandono aos afetos dedicado e leviano, ensinado por Hafis e Goethe, esse arrojado afrouxar de rédeas, daquela *licentia morum* físico-espiritual, no caso excepcional de velhos e originais sábios e bêbados, nos quais isso "já não tem muito perigo". Também isto para o capítulo "A moral como receio".

199) Entendendo que, desde que existam homens, existem também rebanhos humanos (associações de família, comunidades, tribos, povos, estados, igrejas) e, sempre, muito obedientes e respeitosos ao reduzido número dos que mandavam, entendendo, portanto, que a obediência foi, até agora, melhor e mais longamente praticada e cultivada entre os homens; em geral, é justo se admitir que cada um pos-

sui, presente em si, a necessidade inata de obedecer, como uma consciência formal que ordena: "você deve absolutamente fazer tal coisa, deve absolutamente deixar de fazer essa outra coisa"; resumindo, "você deve". Essa necessidade procura saciar-se e dar conteúdo à sua forma; e então, de acordo com sua intensidade, impaciência e tensão, como apetite grosseiro sem critério de escolha, aceitará tudo o que quaisquer pessoas gritam aos ouvidos, sejam elas pais, professores, leis, preconceitos de classe, opiniões públicas. A curiosa limitação da evolução humana, o que há nela de hesitante, lento, retrógrado e repetido, baseia-se no fato de o instinto gregário da obediência se transmitir mais facilmente por hereditariedade, e isso às custas da arte de mandar. Se imaginarmos esse instinto levado ao limite, chega-se à ausência total dos que comandam e são independentes; ou então, estes sofrem intimamente de má consciência e precisam primeiro se iludir, a fim de poderem comandar: fingem também que eles só obedecem. Essa situação existe, de fato, atualmente na Europa: eu a chamo a hipocrisia moral dos governantes. Não sabem se proteger da sua má consciência, senão fingindo serem os executores de ordens mais antigas ou superiores (dos antepassados, da Constituição, do direito, das leis ou até mesmo de Deus); ou então, usando o modo de pensar do rebanho — máximas de rebanho —, como "primeiros servidores do seu povo" ou "instrumentos do bem-estar comum". Por outro lado, hoje, na Europa, o homem de rebanho apresenta-se como a única espécie aprovada de homem, glorificando as suas qualidades, graças às quais é domesticado, tratável e útil ao rebanho, consideradas as únicas virtudes realmente humanas: tais como a sociabilidade, benevolência, consideração pelos outros, persistência, moderação, modéstia, tolerância, piedade. Mas, para os casos em que não se pode dispensar o chefe e bode condutor, fazem-se experiências após experiências, para substituir os que mandam por um aglomerado de homens de rebanho inteligentes: são dessa origem, por exemplo, todas as constituições representativas. Que benefício, que alívio de uma pressão insuportável para os europeus, esses animais de rebanho, representa o aparecimento de um senhor absoluto, atesta-o o efeito provocado quando Napoleão apareceu: a História da influência exercida por Napoleão é quase a História da felicidade mais elevada que este século conseguiu alcançar nos seus mais valiosos homens e momentos.

200) O homem de uma época em dissolução, na qual se misturam as raças, traz em seu organismo, justamente por isso, a herança de uma ascendência múltipla, isto é, instintos e escalas de valor opostos, e mais que opostos, que lutam entre si e raras vezes o deixam descansar — esse homem das culturas tardias e das luzes desviadas será, em geral, um homem mais fraco; o seu desejo mais profundo será o de que cesse a guerra que ele próprio representa; a felicidade, de acordo com um remédio e uma maneira de pensar calmantes (como epicuristas ou cristãos), afigura-se sobretudo como a felicidade do repouso, do não ser perturbado, da saciedade, da unidade finalmente conseguida, como o "sabá dos sabás", citando o orador Santo Agostinho que era, ele próprio, um desses homens. Mas, se numa tal natureza a

contradição e a guerra atuam como mais um estímulo de vida; se, por outro lado, ela herdou e criou, além dos seus instintos poderosos e irreconciliáveis, a mestria e a sutileza na arte de fazer guerra a si própria, ou seja, a arte de se dominar e de se enganar a si própria: então surgem aqueles fantásticos incompreensíveis e inimagináveis, aqueles homens enigmáticos, predestinados à vitória e à sedução, cujas mais belas expressões são Alcibíades e César (junto dos quais eu elevaria ao mesmo patamar aquele primeiro europeu conforme meu gosto, Frederico II de Hohenstaufen) e, entre os artistas, talvez Leonardo da Vinci. Aparecem justamente nas mesmas épocas em que surge aquele tipo mais fraco com o seu desejo de repouso: ambos os tipos se completam e provêm das mesmas causas.

201) Enquanto a utilidade dominante nos juízos de valor morais for apenas a utilidade para o rebanho, enquanto o olhar só visar à manutenção da comunidade e se considerar imoral precisa e exclusivamente o que parece ser perigoso para a existência da comunidade, não pode haver "moral do amor ao próximo". Uma vez que já exista nisso uma pequena e constante prática de consideração pelos outros, piedade, justiça, caridade, reciprocidade do auxílio prestado, uma vez que também nesse estado da sociedade já estejam ativos todos aqueles instintos que, mais tarde, serão honrosamente designados por "virtudes", acabando quase por coincidir com o conceito de "moralidade": naquela época, contudo, tais qualidades não pertenciam ao domínio das valorações morais — são ainda extramorais. Um ato de piedade, por exemplo, na melhor época dos romanos, não se chamava nem bom, nem mau, nem moral, nem imoral; e, mesmo que louvado, tão logo fosse comparado a qualquer ato que servisse ao interesse do todo, da "*res publica*", esse elogio se converteria na melhor espécie de menosprezo espontâneo. Em suma, o "amor ao próximo" é sempre algo secundário, convencional e arbitrariamente aparente em relação ao medo do próximo. Quando a estrutura da sociedade está bem estabelecida e, no conjunto, protegida contra perigos externos, esse medo do próximo cria outra vez novas perspectivas de valoração moral. Certos instintos fortes e perigosos, como o espírito engenhoso, a coragem, a vingança, a astúcia, a ganância, a ambição do poder, que até agora não só tiveram de ser reverenciados, conforme sua utilidade comum — evidentemente com nomes diferentes dos acima citados —, mas tiveram mesmo de ser criados e cultivados (porque sempre precisava-se deles no perigo contra os inimigos comuns), são sentidos como duplamente perigosos, agora que já não existem canais de escoamento para eles; foram acusados, gradualmente, de imorais e expostos à difamação. Agora, são as tendências e os instintos opostos que recebem as reverências morais; o instinto de rebanho tira, gradualmente, suas consequências. A perspectiva moral de agora se origina no quanto de perigo há, para a comunidade e para a igualdade, numa opinião, num estado e em afetos, numa vontade, num talento: também aqui, mais uma vez, o medo é o pai da moral. São os instintos mais elevados e mais fortes, quando, irrompendo passionalmente, incitam o indivíduo a ultrapassar a mediocridade e a

baixeza da consciência do rebanho, que aniquilam a noção de dignidade própria da comunidade, a fé em si mesma, quebrando a sua estrutura; por conseguinte, justamente esses instintos são condenados e difamados. A espiritualidade superior e independente, a vontade de solidão e a razão são sentidas como perigosas — tudo que eleve o indivíduo acima do rebanho e amedronte o próximo chama-se, a partir de agora, mau; a mentalidade tolerante, modesta, submissa, igualitária, a mediocridade dos desejos, recebe nome e honras morais. Finalmente, em condições muito pacíficas, faltam cada vez mais ocasião e necessidade de nos educarmos para a severidade e a dureza; e, agora, toda severidade, mesmo na justiça, começa a incomodar as consciências; uma nobreza e autorresponsabilidade altivas e duras quase são insultos e provocam a desconfiança; o "cordeiro", ou melhor, o "carneiro", é cada vez mais respeitado. Na história da sociedade, há um ponto de fadiga e mimo doentios, em que ela até toma partido pelo que a prejudica, pelo criminoso, e isso é honestamente levado a sério. Castigar: de certo modo, isso lhe parece injusto — é certo que a ideia de "castigo" e "dever castigar" dói, causa medo: "Não basta torná-lo inofensivo? Para que castigar? Castigar é horrível!". Com essa pergunta, a moral de rebanho, a moral do receio, vai às últimas consequências. Uma vez que se pudesse abolir o perigo na totalidade, isto é, a razão do medo, também se anularia essa moral: ela já não seria precisa, ela própria já não seria necessária! Quem analisar a consciência do europeu de hoje terá que extrair, de mil dobras e esconderijos morais, sempre o mesmo imperativo, o imperativo do receio do rebanho: "nós queremos que, um dia, não exista o que temer!". A vontade e o caminho para esse momento chama-se hoje, em toda a Europa, "progresso".

202) Ainda o que já dissemos cem vezes, digamos mais uma vez: porque os ouvidos não estão atualmente dispostos a ouvir essas verdades — as nossas verdades. Já sabemos bem o quanto é ofensivo, sem rodeios e parábolas, incluir hoje o homem entre os animais; porém, quase se considera crime o fato de empregarmos constantemente, em relação justamente aos homens das "ideias modernas", as expressões "rebanho", "instintos de rebanho" e termos semelhantes. Mas isso não serve de nada. Não há remédio: pois reside justamente nisso o nosso novo conhecimento. Descobrimos que são unânimes a Europa e também os países sub sua influência, sobre quais os principais juízos morais: ao menos, sabe-se na Europa o que Sócrates julgou não saber e que aquela antiga e famosa serpente prometeu outrora ensinar — hoje, "sabe-se" o que são bem e mal. Então, nossa insistência deve parecer dura e desagradável aos ouvidos: o que aqui se julga saber; o que aqui, com o seu louvor e a sua censura, glorifica a si mesmo, aprova si mesmo, é o instinto do homem, animal de rebanho, o qual irrompeu, adquiriu preponderância sobre outros instintos, fazendo-o cada vez mais, de acordo com a crescente aproximação e semelhança fisiológicas de que ele é sintoma. A moral é hoje, na Europa, moral de animal de rebanho: e, portanto, na nossa opinião, apenas uma espécie particular de moral humana, ao lado, ou antes, ou depois da qual são possíveis ou deveriam

ser possíveis muitas outras morais, sobretudo morais superiores. Porém, essa moral resiste com todas as forças a tal "possibilidade", àquilo que "deveria": ela relata, teimosa e implacavelmente: "eu sou a moral, e nada, além de mim, é moral!" — sim, com o apoio de uma religião que se sujeitava aos mais sublimes desejos do animal de rebanho, lisonjeando-os, chegou-se ao ponto de encontramos a expressão cada vez mais visível dessa moral nas instituições políticas e sociais: o movimento democrático é o herdeiro do movimento cristão. Mas o ritmo desse movimento é ainda muito lento e sonolento para os doentes e maníacos do citado instinto. Provam isso os uivos cada vez mais histéricos, o ranger de dentes cada vez mais visíveis dos cães anarquistas, que agora correm pelas vielas da cultura europeia: em aparente oposição aos democratas e ideólogos revolucionários, pacíficos e laboriosos, em maior oposição aos filósofos baratos e imbecis e aos entusiastas da fraternidade que se intitulam socialistas e querem a "sociedade livre", mas que, na realidade, se identificam com todos eles na hostilidade profunda e instintiva contra toda forma de sociedade que não seja a do rebanho autônomo (negam até os conceitos de "senhor" e "escravo" — "*ni dieu ni maître*",[35] diz uma fórmula socialista), unidos numa resistência obstinada a toda pretensão individual, a todo direito particular e privilégio (o que, no fundo, significa resistência a todos os direitos, porque, quando todos forem iguais, ninguém precisará de "direitos"); unidos na desconfiança frente à justiça punitiva, como se ela fosse uma violência contra o mais fraco, uma injustiça para a consequência necessária de toda a sociedade anterior; mas, da mesma maneira, unidos na religião da piedade, da compaixão onde quer que se sinta, viva, sofra (descendo ao animal, subindo até "Deus": o excesso de "compaixão por Deus" faz parte de uma era democrática); unidos todos no grito e na impaciência da compaixão, no ódio mortal ao sofrimento, na incapacidade quase feminina de poder ser espectador, de poder fazer sofrer; unidos no obscurecimento e no amolecimento involuntários, sob cuja influência a Europa parece ameaçada de um novo budismo; unidos na sua fé comum na moral da compaixão, como se essa fosse a moral em si, o ápice, o ápice alcançado pelo homem, a única esperança do futuro, a consolação do presente, a grande redenção de todas as culpas de outrora: unidos todos na sua fé na comunidade como sendo ela a salvadora, no rebanho, portanto, em "si" mesmos...

203) Nós que temos outra fé, nós para quem o movimento democrático não é apenas uma forma de decadência da organização política, mas uma forma de decadência do homem, diminuição, a sua mediocridade e desvalorização: para onde devemos dirigir nossas esperanças? Para os novos filósofos, não há outro caminho; para espíritos fortes e originais o suficiente para criar valorações opostas e para transmutar, inverter os "valores eternos"; para os precursores, para os homens do

35 "Nem Deus, nem senhor."

futuro que, no presente, conduzem a novos caminhos o desejo de muitos. Ensinar ao homem o futuro do homem, como sendo vontade sua, dependente, portanto, de uma vontade humana, e preparar grandes e destemidas tentativas e experiências de criação e de seleção para, assim, acabar com esse terrível absurdo e domínio do acaso a que até agora se chamou "história" — o contrassenso da "maioria" não passa da sua derradeira forma; para tal será preciso, num momento qualquer, um novo tipo de filósofos e de chefes, com os quais comparados parecerão pálidos e anões todos os espíritos ocultos, terríveis e bondosos que existiram na Terra. É a imagem da liderança desses que paira diante dos nossos olhos: poderei dizê-lo em voz alta, ó espíritos livres? As circunstâncias que, em parte, deveriam ser criadas, em parte, usadas para a sua gênese; os possíveis caminhos e as provas, graças aos quais uma alma cresceria até chegar a tamanha altura e poder que compreendesse a obrigação dessas tarefas; uma transmutação de todos os valores, que temperasse uma consciência, transformasse em aço um coração, para que suportasse o peso de tal responsabilidade; por outro lado, a necessidade de tais líderes, o perigo terrível de eles poderem fracassar ou corromper-se ou degenerar: são esses os nossos receios e preocupações, bem o sabem, ó espíritos livres? São esses os graves pensamentos, de sobrevoos longínquos, suspensos no céu da nossa vida. Existem poucas dores como a que, uma vez, se sente quando um homem extraordinário se desviou do seu caminho e degenerou: mas aquele que tem a rara capacidade de saber discernir o perigo global da degeneração do "próprio homem"; aquele que, como nós, reconheceu a monstruosa casualidade que, até agora, desempenhou o seu papel quanto ao futuro do homem — papel esse em que não interveio nem uma mão, nem mesmo um "dedo de Deus". Aquele que percebe a fatalidade oculta na estúpida inocência e confiança das "ideias modernas" e, mais ainda, em toda a moral cristã europeia: esse sofre de uma angústia incomparável, porque ele abrange com um só olhar tudo o que, havendo reunião e acréscimo favoráveis de forças e esforços, se poderia fazer do homem; sabe, com todo o saber da sua consciência, como o homem ainda não se esgotou para as grandes possibilidades, e quantas vezes o tipo humano já se defrontou com o mistério e os caminhos novos: ele sabe, melhor ainda por suas dolorosas recordações, contra quais obstáculos miseráveis algo em evolução, de categoria superior, confrontou-se, quebrou, afundou e se tornou medíocre. A degeneração total do homem naquilo que é considerado pelos cretinos socialistas como o seu "homem do futuro", seu ideal, essa degeneração e diminuição do homem no perfeito animal de rebanho (ou, como eles diriam, no homem da "sociedade livre"), essa bestialização do homem em pigmeu dos direitos iguais e reivindicações igualitárias é possível, não há dúvida! Quem tiver refletido sobre essa possibilidade, até as últimas consequências, sente uma repulsa que os outros homens desconhecem — e talvez pressinta também uma nova tarefa!

CAPÍTULO 6

NÓS, OS ERUDITOS

204) Correndo o risco de ver a moralização também aqui se revelar o que sempre foi — um destemido "*montrer ses plaies*",[36] segundo Balzac —, ousarei opor-me à inconveniente e funesta inversão de categorias que hoje ameaça se estabelecer, ilicitamente e com consciência tranquila, entre a ciência e a filosofia. Acho que, com base na experiência — e experiência, ao que me parece, significa sempre triste experiência? — deve-se ter o direito de opinar sobre o problema da prioridade de categoria: para não falar como um cego das cores ou, como as mulheres e os artistas, contra a ciência ("ah, essa malvada ciência", suspiram o seu instinto e o seu pudor, "ela descobre sempre o que há por detrás!"). A declaração de independência do homem científico, a sua emancipação da filosofia, é um dos efeitos mais sutis da essência democrática: a autoglorificação e superestimação do erudito está hoje em plena floração primaveril, com o que não queremos dar a entender, nesse caso, que o autoelogio tenha cheiro agradável[37]. "Libertemo-nos de todos os senhores!", assim o quer também aqui o instinto plebeu; e a ciência, depois de se ter defendido com pleno sucesso da teologia de que, durante muito tempo, fora "criada", prepara-se agora com toda a arrogância e incompreensão para ditar leis à filosofia e fazer, por seu lado, o papel de "senhor", o papel de filósofo. A minha memória, a memória de um homem de ciência, se me permitem, está repleta de ingenuidades arrogantes que ouvi pronunciarem, a jovens naturalistas e velhos médicos, sobre a filosofia e os filósofos (para não falar dos mais cultos e mais presunçosos de todos os sábios, os filólogos e os pedagogos que, por profissão, são ambas as coisas). Por vez, era o especialista, meticuloso por princípio, que instintivamente resistia a todos os objetivos e aptidões sintéticos; por vez, era o trabalhador aplicado que respirara um pouco do perfume do "*otium*" e da riqueza na economia psíquica do filósofo, sentindo-se, com isso, lesado e diminuído. Por vez, ainda, aquele daltonismo do utilitarista que, na filosofia, nada vê senão uma série de sistemas refutados e um exuberante gasto de energia do qual ninguém "se aproveita". Ora se evidenciava o medo de um misticismo oculto e de uma correção das fronteiras do conhecimento; ora o desprezo por este ou aquele filósofo que, sem querer, se generalizava em desprezo pela filosofia em geral. Finalmente, e com mais frequência, descobri em jovens eruditos, por trás do arrogante desprezo da filosofia, a nefasta influência de um filósofo a quem se deixara de obedecer, sem que o desprezo fosse livre da influência de outros: resulta daí a indisposição geral em relação a toda filosofia. (Desse tipo me parece, por exemplo, o efeito de Schopenhauer sobre a Alemanha mais nova: devido à sua raiva desinteligente a

36 "Mostrar suas chagas."

37 Há aqui uma alusão ao provérbio alemão "Eigenlob stinkt" (o autoelogio cheira mal). (N. T.)

Hegel, chegou a separar a última geração de alemães do seu vínculo à cultura alemã, cultura essa que, ponderando tudo, representara uma elevação e uma sutileza divinatória do sentido histórico; mas, justamente nesse ponto, o próprio Schopenhauer era pobre, insensível, gênio antialemão). Em suma, do ponto de vista geral, terá sido o lado humano, demasiado humano, isto é, a mesquinhez dos filósofos modernos o que mais radicalmente arruinou o respeito pela filosofia e abriu as portas ao instinto plebeu. É preciso admitir francamente até que grau falta ao nosso mundo moderno vários Heráclitos, Platões, Empédocles e de todos esses outros reais e soberbos eremitas do espírito; diante de representantes da filosofia que hoje, graças à moda, são tanto respeitados como desprezados: na Alemanha, por exemplo, os dois leões de Berlim, o anarquista Eugen Dühring e o amalgamista Edward Hartmann — um bom homem de ciência pode, com todo direito, sentir-se um tipo melhor. E, em especial, o espetáculo desses filósofos confusos que se chamam "filósofos da realidade" ou "positivistas", capazes de lançar uma perigosa desconfiança na alma de um erudito jovem e ambicioso — esses filósofos, na melhor das hipóteses, são eles próprios eruditos e especialistas, sem dúvida! Mas todos eles se entregam e são reconduzidos à soberania da ciência, homens que, outrora, se impuseram mais a si mesmos, sem terem direito a esse "mais", sem direito à responsabilidade que ele comporta — e que agora, de modo honesto, furioso, vingativo, representam com palavras e obras a descrença na tarefa orientadora e exclusiva da filosofia. Afinal, como poderia ser diferente! A ciência, hoje, está florescendo e traz estampada na cara a boa consciência, ao passo que aquilo a que, pouco a pouco, rebaixou-se toda filosofia moderna, esse resíduo atual de filosofia, desperta a desconfiança e a indisposição, senão o escárnio e a compaixão. Filosofia reduzida a "teoria do conhecimento" nada mais é, de fato, do que uma tímida epoquística, doutrina de abstinência: filosofia que não ultrapassa o limiar e se recusa a ela própria o direito de entrar; essa é filosofia a dar os últimos suspiros, um fim, uma agonia, algo que causa dó. Como é que tal filosofia poderia dominar!

205) Os perigos que ameaçam o desenvolvimento do filósofo são hoje, na verdade, tão múltiplos que chegamos a duvidar de que esse fruto possa ainda amadurecer. O edifício da ciência cresceu em largura e altura à imensidão e, com isso, também a probabilidade de o filósofo, quando aprendiz, se cansar, se entregar e se "especializar" em outro lugar: de forma que já não atinge a sua altura, ou seja, uma visão de conjunto, panorâmica — a possibilidade de olhar de cima para baixo. Ou chega lá tarde demais, quando já passou o momento de seu maior vigor, ou chega lá ferido, menos sensível, degenerado, de forma que já pouca importância tem o seu olhar, o seu juízo de valor global. É justamente a delicadeza da sua consciência intelectual que, talvez, o faça hesitar no caminho e demorar-se; tem medo de ser arrastado ao diletantismo, de ser centopeia ou polvo; sabe muito bem que quem perde o respeito de si mesmo também já não comanda, já não conduz como cognoscente: a menos que se quisesse se tornar grande ator, um Cagliostro filosófico e vigarista dos espíritos,

em suma: sedutor. Isto é, no final das contas, uma questão de gosto, se não for mesmo uma questão de consciência. Acrescente-se que, para dobrar a dificuldade do filósofo, ele exige de si não um juízo, um Sim ou Não sobre a ciência, mas sobre a vida e o valor da vida que lhe custa acreditar ter um direito ou mesmo a obrigação desse juízo — procurando, a partir das experiências mais complicadas, talvez mais perturbadoras, mais destruidoras, hesitando, duvidando, emudecendo frequentemente, o seu caminho para esse direito e para essa crença. De fato, durante muito tempo, a multidão confundiu o filósofo, quer com o homem de ciência e o erudito ideal, quer com o entusiasta e ébrio de Deus, religiosamente inspirado, "vivendo fora do mundo": e, se hoje se ouvir louvar alguém por viver "como um sábio" ou "como um filósofo", isso quase significa que ele vive "prudentemente e à parte". Sabedoria, para a plebe, parece uma espécie de fuga, um meio hábil de se descartar de um mau jogo. Mas o verdadeiro filósofo (não é essa a nossa opinião, meus amigos?) vive de um modo "não filosófico", "não sábio", sobretudo não razoável, e sente o fardo e o dever de mil tentativas e tentações da vida — arrisca-se constantemente a jogar esse mau jogo...

206) Comparado a um gênio, isto é, um ser que gera ou dá à luz, ambas as palavras tomadas em seu sentido mais amplo, o erudito, o homem de ciência da mediania, tem sempre algo de velha solteirona: assim como ela, ele nada sabe das duas funções mais valiosas do homem. De fato, a ambos, ao erudito e à solteirona, concede-se a respeitabilidade quase que por recompensa, de modo que, ao caráter obrigatório dessa concessão, mistura-se uma dose de aborrecimento. Analisemos mais de perto: o que é o homem de ciência? Antes de tudo, um tipo de homem sem nobreza, isto é, que não domina, que não tem autoridade, que não é autossuficiente: tem espírito trabalhador, sujeita-se pacientemente às normas, é uniforme e comedido nas suas capacidades e aspirações, compreender o seu semelhante e do que ele necessita — por exemplo, esse bocado de independência e de pasto verde, sem o qual não há sossego para o trabalho, esse direito à honra e à consideração (que, acima de tudo, pressupõe identidade, possibilidade de se reconhecer), esse resplendor bem-afamado, essa constante confirmação do seu valor e da sua utilidade, com que, constantemente, tem de ser vencida a desconfiança íntima do fundo do coração dos homens dependentes e animais de rebanho. O erudito também tem, decerto, as doenças e os defeitos de uma espécie sem nobreza: rico de inveja mesquinha, tem visão aguçada para o lado fraco das naturezas cuja altura não consegue atingir. É confiante, mas apenas como alguém que se deixa levar pela corrente, mas não corre; e justamente na presença do homem da grande corrente ele permanece frio e fechado — os seus olhos parecerão, então, um lago calmo e aborrecido no qual já não ondula qualquer entusiasmo, qualquer simpatia. O pior e o maior perigo de que é capaz um erudito vem-lhe do instinto de mediocridade inerente à sua espécie: desse jesuitismo da mediocridade que trabalha instintivamente no aniquilamento do homem invulgar e tenta quebrar ou, melhor ainda, distender todo arco tenso. Distender, com cuidado, sem fazer doer — evidentemente distender com

compaixão amiga: é essa a verdadeira arte do jesuitismo, que sempre soube se mostrar como religião da compaixão.

207) Por mais gratos que possamos ser ao espírito objetivo — e quem não, uma vez, ficou saturado de todo subjetivismo e da sua maldita mesmicidade — devemos aprender a ter cautela com essa gratidão e acabar com o exagero com que, modernamente, se celebra a despersonalização do espírito como fim em si, como salvação e transfiguração: o que, sobretudo, costuma acontecer no seio da escola pessimista que, aliás, tem boas razões para, de sua parte, render grandes honrarias ao "conhecimento desinteressado". O homem objetivo que já não pragueja nem amaldiçoa, como o faz o pessimista, o erudito ideal, no qual, após mil falhas, o instinto científico chega um dia a florescer e a deixar de florescer, é certamente um dos instrumentos mais preciosos: mas é preciso que esteja na mão de alguém mais poderoso. É apenas um instrumento; digamos — um espelho, não um "fim em si". O homem objetivo é, de fato, um espelho: habituado a submeter-se sobretudo a espelho do que deseja ser reconhecido, sem outro prazer que o resultante do conhecer e do "reflexo", ele espera que algo aconteça, e então estende-se docemente, para que nem mesmo as pegadas leves e os acenos de seres fantasmagóricos nele não se percam, na sua superfície e pele. O que dele ainda resta de "pessoa" parece-lhe casual, muitas vezes arbitrário, mais vezes ainda incomodativo: de tal modo se tornou veículo e reflexo de formas e acontecimentos estranhos. Procura, com esforço, recordar-se de "si", e bastantes vezes falsamente; confunde-se facilmente com um outro, engana-se quanto às próprias necessidades, e só nesse caso é indelicado e negligente. Talvez o atormente a saúde, ou a mesquinhez e o ar fechado da mulher e do amigo ou a falta de companheiros e de companhia; ele se obriga a pensar no seu tormento — em vão! Seus pensamentos se afastam para o caso mais geral, e amanhã saberá tão pouco como sabia ontem qual o remédio de que necessita. Perdeu a possibilidade e o tempo de se levar a sério: é sereno, não por falta de preocupações, mas por não poder tocar e lidar com suas preocupações. A passividade habitual com todas as coisas e acontecimentos, a hospitalidade amável e franca com que acolhe tudo o que vem ao seu encontro, a sua benevolente indiferença, o perigoso desprendimento pelo sim e pelo não: muitas vezes, essas suas virtudes fazem-no pagar caro! e, como homem que é, muito facilmente se torna o "*caput mortuum*"[38] dessas virtudes. Se requisitar amor e ódio, como os entendem Deus, a mulher e o animal: ele fará o que puder e dará o que puder. Mas não nos devemos espantar se ele se mostrar, justamente aqui, falso, frágil, problemático e caduco. O seu amor é produto da vontade, o seu ódio é artificial, "*un tour de force*",[39] uma pequena vaidade e um ligeiro exagero. Ele só é autêntico enquanto pode ser objetivo: só é "natureza" e "natural" em sua totalidade serena. A

38 "Cabeça morta."

39 "Um esforço enorme."

sua alma refletora e que é sempre polida já não sabe afirmar nem negar — ele não comanda nem destrói. *"Je ne méprise presque rien"*,[40] diz com Leibniz; note-se bem toda a importância do *"presque"*! Também não é homem modelo; não precede nem segue ninguém; afasta-se muito de tudo, para ter razões para tomar partido entre o bem e o mal. Se o confundiram durante tanto tempo com o filósofo, com o homem violento e criador cesariano da cultura, deram-lhe honras grandíssimas e não viram, nele, o essencial: é um instrumento, algo de escravo, embora certamente o tipo sublime de escravo, mas, em si, nada, *"presque rien"*! O homem objetivo é um instrumento, um instrumento de medição precioso, frágil, um espelho primoroso, que se deve tratar bem e honrar; mas não é um objetivo, não é fim nem princípio, não é homem complementar no qual se justifique a existência restante, nem é conclusão — e muito menos é início, geração e causa prima, não tem nada de rude, de poderoso, de seguro em si, que queira dominar: pelo contrário, é apenas um molde permeável, inflável, fino, móvel, que espera por um conteúdo que lhe "dê forma" — normalmente, um homem sem conteúdo, um homem "sem eu". E, por conseguinte, também não tem valor para as mulheres, *in parenthesi*...

208) Se um filósofo dá hoje a entender que não é cético — espero que deduza a partir da descrição anterior do espírito objetivo —, ninguém gosta de ouvi-lo; olham-no com certa apreensão, tanta coisa se gostaria de lhe perguntar... sim, entre os ouvintes medrosos que abundam agora, ele é considerado perigoso. Têm a sensação de que o seu repúdio do ceticismo provoca, no fundo, um ruído agourento e ameaçador como se estivesse experimentando um novo explosivo, uma dinamite do .espírito, talvez uma nova Nihilina russa recém-descoberta, um pessimismo *"bonae voluntatis"*,[41] que não só nega, exige um não, mas — ideia espantosa — pratica o não. Contra essa espécie de "boa vontade" — a vontade reativa, desagregada de vida — não há hoje melhor sonífero e calmante que o ceticismo, o suave, doce e embalador sedativo que é o ceticismo; os médicos do nosso tempo receitam o próprio Hamlet como remédio contra o "espírito" e as suas agitações subterrâneas. "Já não temos os ouvidos cheios de maus ruídos?" Diz o cético, amigo do sossego e das medidas de segurança: "Este subterrâneo não é terrível! Fiquem quietos, ó toupeiras pessimistas!". É que o cético, essa criatura delicada, assusta-se com muita facilidade; a sua consciência está adestrada a estremecer e a sentir como que uma mordida a cada sim firme e decisivo. Sim e não — isso vai contra a sua moral; inversamente, gosta de agraciar a sua virtude com nobre comedimento, dizendo, por exemplo, com Montaigne: "O que eu sei?". Ou com Sócrates: "Sei que nada sei". Ou: "Não tenho coragem, aqui não me abre qualquer porta". Ou: "Suponha que estivesse aberta, para que havia de entrar?". Ou: "Para que servem todas as hipóteses precipitadas? Possivelmente, não formular quaisquer hipóteses é sinal de bom gosto. É sempre necessário endireitar o que está torto? Tapar sempre qualquer buraco com qualquer remendo? Isso não pode

40 "Eu não desprezo quase nada".

41 "De boa vontade."

esperar? O tempo não tem tempo? Oh, gente endiabrada, não pode esperar? O incerto tem também os seus encantos: a própria Esfinge é uma Circe, e Circe era filósofa". Assim se consola um cético; e, na verdade, ele precisa de alguma consolação. É que o ceticismo é a expressão espiritual de determinada e múltipla constituição psicológica que, na linguagem corrente, se chama debilidade dos nervos e morbidade; surge sempre repentinamente, quando raças ou classes; separadas durante muito tempo, se misturam. Na nova geração, que herda no sangue medidas e valores diferentes, tudo é inquietação, perturbação, dúvida, tentativa; as melhores forças inibem, as próprias virtudes não se deixam crescer e fortalecer umas às outras; no corpo e na alma faltam o equilíbrio, o centro de gravidade, a segurança perpendicular. Mas o que mais adoece e degenera nesses mestiços é a vontade: já não conhecem a independência da resolução, a sensação corajosa de prazer no querer; duvidam, até mesmo em sonhos, da "liberdade da vontade". Nossa Europa de hoje, cenário de uma tentativa absurda de misturar radicalmente as classes, e, consequentemente, as raças, é, por isso mesmo, cética de cima a baixo, ora animada desse ceticismo móvel que, impaciente e lascivo, salta de ramo em ramo, ora triste como uma nuvem sobrecarregada de pontos de interrogação e, com frequência, cansada de sua vontade! Paralisia da vontade: onde não se encontra hoje essa doença? E quantas vezes não está enfeitada, sedutoramente enfeitada! Para esconder essa doença, existem as vestes mais vistosas e mentirosas; por exemplo, a maioria do que hoje se expõe nas vitrines como "objetividade", "espírito científico", "*l'art pour l'art*",[42] "conhecimento puro, independente da vontade", é apenas ceticismo enfeitado e paralisia da vontade — tenho certeza do diagnóstico dessa doença europeia. A doença da vontade está espalhada irregularmente pela Europa: mostra-se mais intensa e com aspectos mais variados onde a cultura existe já há mais tempo; desaparece à medida que "o bárbaro" ainda faz valer os seus direitos sob o fato esfarrapado da cultura ocidental. É, pois, na França da atualidade, como se pode tanto deduzir, de modo tangível, que a vontade adoeceu mais gravemente; e a França, que teve sempre habilidade magistral para inverter as reviravoltas mais nefastas do seu espírito em algo encantador e sedutor, mostra hoje bem a sua preponderância cultural sobre a Europa como vitrine e escala de todos os encantos do ceticismo. A força do querer, do querer com vontade duradoura, é já um pouco mais forte na Alemanha, e, na do Norte, um pouco mais do que na do Centro; consideravelmente mais forte na Inglaterra, na Espanha e em Córsega, ali ligada à fleuma, aqui, à dureza dos crânios, para não mencionar a Itália, jovem demais para já poder saber o que deseja e que tem primeiro de demonstrar que é capaz de querer, mas é mais forte e mais espantosa nesse imenso império intermédio, onde a Europa parece diluir-se na Ásia, na Rússia. Aqui, a força do querer é depositada e armazenada há muito tempo, a vontade está à espera de ser libertada, não se sabe se da negação ou da afirmação, para pedir emprestada aos físicos de hoje a sua palavra predileta. Não deverão ser precisas apenas guerras na Índia e complicações na Ásia para a Europa se livrar do seu maior perigo, mas revoltas internas, a desintegração do Império em corpos menores e, sobretudo, a introdução do

42 "A arte pela arte."

delírio parlamentar, mais, ainda, a obrigação de toda gente ler o seu jornal no café da manhã. Não digo isso como se o desejasse: mais me conviria o contrário, isto é, um tal aumento da ameaça, por parte da Rússia, que a Europa teria que se tornar igualmente ameaçadora, ou seja, ganhar uma vontade, por meio de uma nova casta que reinasse sobre a Europa, uma longa e formidável vontade própria que se impusesse objetivos para milhares de anos: para que terminasse, finalmente, a longa comédia da sua divisão em muitos estados e, do mesmo modo, as suas múltiplas ambições, tanto dinásticas como democráticas. Acabou a época da pequena política: o século que já se anuncia terá a luta pelo domínio da Terra — a obrigatoriedade da grande política.

209) Até que ponto a nova época guerreira — em que nós, europeus, ficamos em evidência — também pode se mostrar favorável, talvez, ao desenvolvimento de outro tipo mais forte de ceticismo, é um problema que não quero abordar, por enquanto, senão por uma parábola que os amigos da história alemã certamente compreenderão. Esse pouco escrupuloso entusiasta por granadeiros belos e altos que, na posição de rei da Prússia, deu a vida a um gênio militar e cético — e, assim, essencialmente, àquele novo tipo de alemão que acaba de surgir vitorioso —, esse bizarro e tolo pai de Frederico, o Grande, tinha, em um ponto, força de gênio: sabia o que, então, faltava na Alemanha, e que essa espécie de falta era cem vezes mais inquietante e urgente do que a falta de cultura e de etiqueta social — sua antipatia contra o jovem Frederico provinha da angústia de um profundo instinto. Faltavam homens; e ele suspeitava, com um desgosto amargo, que o seu próprio filho não era homem o suficiente. Nisso enganava-se: mas quem, no seu lugar, não teria enganado? Via no filho uma presa do ateísmo, do "*esprit*", do desprendimento voluptuoso de franceses espirituosos: via, nos bastidores, a grande sanguessuga, a aranha do ceticismo, adivinhava a miséria incurável de um coração não mais duro o bastante para o bem ou para o mal, de uma vontade quebrada que já não comanda, que já não pode comandar. Entretanto, crescia no filho aquele novo tipo de ceticismo, mais duro e mais perigoso, sabe-se lá até que ponto favorecido justamente pelo ódio do pai e pela melancolia glacial de uma vontade tornada solitária, o ceticismo da virilidade audaz, parente mais próxima do gênio da guerra e da conquista, cuja entrada na Alemanha ocorreu na figura do grande Frederico. Esse ceticismo despreza, mas, apesar disso, atrai; toma possa e destrói; não crê, mas não se perde por isso; dá liberdade perigosa ao espírito, mas refreia firmemente o coração; é a forma alemã do ceticismo que, como fredericianismo prolongado e espiritualizado até o sublime, deteve a Europa, por muito tempo, na dependência do espírito alemão e da sua desconfiança crítica e histórica. Graças ao indomável e tenaz caráter viril dos grandes filólogos e historiadores-críticos alemães (que, se bem observados, foram também, todos eles, artistas de destruição e desintegração), estabelecia-se, pouco a pouco, e a despeito de todo romantismo na música e na filosofia, um novo conceito do espírito alemão, no qual se destacava, de modo decisivo, a tendência para o ceticismo viril: quer, por exemplo, como intrepidez do olhar, como bravura e dureza da mão dissecadora, como persistente desejo

de empreender perigosas viagens de descobrimentos, para expedições intelectuais ao Polo Norte, sob céus desertos e perigosos. Deve haver boas razões para que os homens humanitários, ardentes e superficiais, se benzam justamente diante desse espírito; "*cet esprit fataliste, ironique, méphistophélique*",[43] como chama, não sem arrepios, Michelet. Mas, se quiser sentir como é distinto esse medo do "homem" no espírito alemão, pelo qual a Europa foi despertada do seu "sono dogmático", deve se recordar o antigo conceito que precisou ser vencido por meio dele — não faz tanto tempo que uma mulher masculinizada pôde ousar, numa arrogância desenfreada, recomendar os alemães à compaixão da Europa, como uns imbecis cordiais, bondosos, fracos de vontade e poéticos. Enfim, que se compreenda bem o espanto de Napoleão ao ver Goethe: ele revela o que, durante séculos, se pensou ser o "espírito alemão". "*Voilà un homme!*", o que queria dizer: "Aqui está um homem! E eu apenas esperava encontrar um alemão!".

210) Supondo, portanto, que qualquer traço na imagem dos filósofos do futuro sugira que eles sejam, porventura, céticos, no sentido indicado, só teria caracterizado algo neles, e não eles mesmos. Teriam, portanto, o direito de pedir que os chamassem críticos; e certamente serão homens de experiências. Pelo nome com que ousei batizá-los, já sublinhei expressamente a experimentação e o prazer na experimentação: fiz, porque eles, como críticos de corpo e alma, usam a experiência num sentido novo, mais vasto, talvez mais perigoso? Devem eles, na sua paixão de conhecimento, ir mais longe com experiências destemidas e dolorosas, do que o possa aprovar o gosto brando e adocicado de um século democrático? Não há dúvida: os que estão por vir serão os que menos poderão dispensar aquelas qualidades severas e despreocupadas que distinguem o crítico do cético, isto é, a segurança nos juízos de valor, o manejo consciente de uma unidade de método, a coragem esperta, a solidão e o saber responsabilizar-se; eles não negam, em si, a existência de um prazer em dizer não, analisar e, de uma certa crueldade refletida, manejar a faca de modo seguro e sutil, mesmo que o coração esteja a sangrar. Serão mais duros (talvez nem sempre só consigo mesmos) do que as pessoas poderiam desejar; não lidarão com a verdade para que ela lhes "agrade" ou os "eleve" e "entusiasme": pelo contrário, dificilmente acreditarão que será justamente a verdade que proporciona tais prazeres aos sentimentos. Esses espíritos rigorosos sorrirão quando alguém disser, à sua frente: "esse pensamento me eleva: como ele não é verdadeiro?", ou "aquela obra me encanta: como ela não será bela?", ou "aquele artista me engrandece: como ele não será grande?" e, talvez, não tenham apenas um sorriso, mas um autêntico nojo de todas essas manifestações entusiásticas, idealísticas, efeminadas, hermafroditas — quem conseguisse segui-los até as camadas secretas do seu coração dificilmente aí descobriria a intenção de conciliar "sentimentos cristãos" com o "gosto antigo" ou até com o

43 "Esse espírito fatalista, irônico, mefistofélico."

"parlamentarismo moderno" (intenção que dizem ocorrer mesmo entre os filósofos do nosso século muito inseguro e, por conseguinte, muito conciliador). A disciplina crítica e todos os hábitos que levem à pureza e ao rigor em coisas do espírito serão exigidos por esses filósofos, e não só de si mesmos: poderiam exibi-los como adornos próprios, mas nem por isso querem que lhes chamem críticos. Parecerá afronta maior à filosofia que se determine, como hoje se faz com tanto gosto: "A própria filosofia é crítica, ciência crítica e nada mais!". Que essa apreciação da filosofia seja aplaudida por todos os positivistas da França e Alemanha (e até é possível que tenha lisonjeado o coração e gosto de Kant: recordem os títulos das suas obras principais) — os nossos novos filósofos dirão, apesar disso: críticos são instrumentos do filósofo e, justamente por isso, por serem instrumentos, estão longe de serem filósofos! Também o grande chinês de Königsberg era apenas um grande crítico.

211) Eu insisto que é preciso não confundir os filósofos, os pesquisadores da filosofia e, em geral, os homens de ciência — e, justamente aqui, se dê "a cada um o que é seu" e não se dê a mais a estes e a menos àqueles. Pode ser necessário à educação do verdadeiro filósofo o fato de ele próprio ter escalado uma vez todos esses degraus em que os outros se detêm, seus servidores, os trabalhadores científicos da filosofia — eles têm de se deter; ele próprio deve ter sido, talvez, crítico, cético, dogmático, histórico e, além disso, poeta, colecionador, viajante, adivinhador de enigmas, moralista, vidente e "espírito livre" e quase tudo para percorrer o âmbito de valores e sentimentos valorativos do homem e poder olhar da altura para toda distância, da profundidade para aquela altura, do canto para toda longitude. Mas tudo isso são apenas condições prévias da sua tarefa: essa tarefa quer algo diferente — requer que ele crie valores. Aqueles trabalhadores filosóficos, segundo o nobre modelo de Kant e Hegel, têm que constatar e formular qualquer vasto conjunto de valorizações, isto é, postulados de outrora, criações de valores que se tornaram predominantes e são chamadas, durante um certo tempo, "verdades", quer no campo da Lógica, quer da Política (Moral) ou da Arte. É tarefa desses investigadores tornar bem visíveis, bem concebíveis, manuseáveis, todos os acontecimentos e as valorizações, abreviar o que for longo, até o próprio "tempo", e dominar todo o passado: tarefa enorme e maravilhosa, ao serviço da qual certamente poderá satisfazer todo orgulho delicado, toda vontade persistente. Os verdadeiros filósofos, porém, são os comandantes e os legisladores; eles dizem: "deve ser assim!"; só que eles determinam o para onde e o para quê do homem, dispondo, para isso, do trabalho anterior de todos os trabalhadores filosóficos, todos os dominadores do passado. Com mão criadora, eles agarram o futuro; e tudo que é e foi lhes serve de meio, de instrumento, de martelo. O seu "conhecer" é criação, a sua criação é legislação, a sua vontade de verdade é vontade de poder. Há hoje tais filósofos? Já existiram? Não tem de haver tais filósofos?

212) Cada vez mais, na condição de homem necessário do amanhã e do depois de amanhã, o filósofo aparentou que sempre esteve e sempre teve que estar em opo-

sição à sua atualidade: o seu inimigo sempre foi o presente. Até agora, esses extraordinários promotores dos homens a que chamam filósofos e que, eles próprios, raras vezes foram amigos da verdade, mas antes como tolos insuportáveis e pontos de interrogação perigosos acharam que a sua tarefa, dura, involuntária, inevitável, a grandeza da sua tarefa, consistia em serem eles a má consciência da sua época. Passando o bisturi justamente nas virtudes da época, revelaram o que era o seu próprio segredo: conhecer uma nova grandeza do homem, um novo caminho ainda não trilhado que o levasse ao seu engrandecimento. Denunciavam quanta hipocrisia, comodismo, deixar-se ir e deixar-se cair, quanta mentira se escondia debaixo da mais honrada moralidade contemporânea, quantas virtudes já estavam ultrapassadas; todas as vezes diziam: "Temos que ir justamente para onde hoje vocês se sintam menos à vontade". Frente a um mundo de "ideias modernas", cuja pretensão consiste em confinar cada um no seu canto, na sua "especialidade", um filósofo — se hoje pudesse haver filósofos — seria obrigado a ver a grandeza do homem, o conceito de "grandeza", precisamente em sua complexidade e diversidade, na sua múltipla totalidade: determinaria, até, o valor e a categoria, segundo a capacidade de cada um poder suportar e aceitar coisas diversas, até que ponto poderia estender a sua responsabilidade. Hoje, o gosto e a virtude da época enfraquecem e diluem a vontade; nada é tão atual como a fraqueza da vontade. Portanto, no ideal do filósofo, terão que fazer parte do conceito de "grandeza", precisamente, a força de vontade, a dureza e a capacidade para as decisões impactantes. De modo similar, a doutrina inversa — com o ideal de uma humanidade simplória, resignada, humilde e altruísta — era conveniente a uma época inversa — a título de exemplo, o século XV sofreu do próprio acúmulo de energia de vontade e das torrentes e tempestades do egoísmo. Na época de Sócrates, entre homens de instintos fatigados, entre atenienses conservadores que se deixavam levar "para a felicidade" — segundo diziam, os "divertimentos" —, acostumados a usar as velhas expressões pomposas, às quais a sua vida há muito tempo não dava direito, talvez a ironia tenha sido necessária à grandeza da alma, essa maliciosa certeza socrática do velho médico e plebeu que, sem dó, retalhou a própria carne, como a carne e o coração do "aristocrata", com um olhar que dizia sem equívoco: "Nada de fingimentos comigo! Aqui, somos todos iguais!". Atualmente, ao contrário, enquanto na Europa só o animal de rebanho recebe e dispensa honrarias, enquanto a "igualdade de direitos" poderia se transformar facilmente em igualdade na injustiça: ou seja, em guerra generalizada a tudo que é raro, estranho, privilegiado, ao homem superior, à alma superior, ao dever superior, à responsabilidade superior, à plenitude de poder criador e dominador — atualmente, a nobreza, o querer viver à parte, o poder ser diferente, o estar só e viver à custa de si mesmo, fazem parte do conceito de "grandeza". O filósofo revelará algo de seu próprio ideal ao afirmar: "Será maior aquele que conseguir ser mais solitário, escondido, afastado, o homem além do bem e do mal, o senhor das suas virtudes e transbordante de vontade. Precisamente a isto se chamará grandeza: a possibilidade de ser tanto diverso quanto total, tão vasto quanto pleno". E voltamos a perguntar: a grandeza será possível hoje?

213) É difícil entender o filósofo, pois isso não se pode ensinar: é preciso "saber" por experiência ou ter o orgulho de não saber. No entanto, atualmente todo mundo fala de coisas a respeito das quais não pode ter experiência. Quanto ao filósofo e à situação filosófica, isso é certo e da pior maneira: pouquíssimos a conhecem, têm o direito de a conhecer, e todas as opiniões populares a seu respeito estão erradas. Assim, por exemplo, a maioria dos pensadores e eruditos desconhece a existência dessa espiritualidade genuinamente filosófica, destemida e exuberante, que corre veloz, rigorosa, semelhante à necessidade dialética, que não dá um passo em falso. Por isso, não mereceria crédito se alguém dela falasse na presença desses homens. Concebem toda a necessidade como obrigação, como uma obediência compulsória e um estado de constrangimento. Para eles, o pensador é algo lento, hesitante, quase aborrecedor e, frequentemente, algo "digno do suor dos nobres" — mas, de modo algum, algo ligeiro, divino, dançante, de alegria exuberante! Para eles, "pensar", "levar a sério" e "ponderar" é o mesmo: é assim que eles "vivenciaram". Talvez, nesse ponto, os artistas já tenham faro mais delicado: eles sabem muitíssimo bem que é justamente quando não fazem nada "arbitrariamente", e tudo obrigatoriamente, que o seu sentimento de liberdade, de sutileza, de plenitude, de criatividade no pôr, no dispor e no formar atinge a plenitude. Então, a necessidade e "liberdade da vontade" neles combinam. Há, por fim, uma ordem de estados psíquicos que está de acordo com a hierarquia dos problemas. Os problemas supremos repulsam todo aquele que ousa aproximar-se deles sem estar predestinado à sua resolução pelo alto nível e poder da sua espiritualidade. De que serve os sabichões, os empiristas amadores ou os bons mecânicos tentarem resolver tais problemas, como atualmente acontece tantas vezes, e se introduzirem à força nessa "corte das cortes"?! Mas pés tão rudes não devem pisar semelhantes tapeçarias: disso já cuidou a lei primordial. Para esses intrusos, os portões permanecem fechados, por mais que batam as cabeças! É preciso ter nascido para esse mundo superior. Mais exatamente, é preciso ter sido criado para ele: o direito à filosofia, no sentido mais amplo, adquire-se apenas através da própria ascendência, dos antepassados; também aqui o "sangue" é decisivo. Muitas gerações devem ter trabalhado na gênese do filósofo; cada virtude deve ter sido, uma por uma, adquirida, cultivada, herdada, incorporada, e não só o caminhar audacioso, ligeiro, elegante dos seus pensamentos — sobretudo, a disposição para grandes responsabilidades, a altura e a baixeza de olhares dominadores, o sentir-se separado da multidão, seus deveres e virtudes, a defesa generosa do que é mal compreendido e difamado, quer se trate de Deus, ou do Diabo, a inclinação e a habilidade para a justiça suprema, a arte de comandar, a amplitude da vontade, o olhar lento que raramente admira, raramente olha para cima, raramente ama...

CAPÍTULO 7

NOSSAS VIRTUDES

214) Nossas virtudes? É provável que também tenhamos nossas virtudes, embora, obviamente, não sejam aquelas virtudes ingênuas e robustas por amor das quais honramos nossos avós, mas também os afastamos. Nós, os europeus do futuro, primogênitos do século XX, com toda curiosidade perigosa, nossa complexidade e arte de nos mascararmos, a nossa madura e quase adocicada crueldade do espírito e dos sentidos, provavelmente teremos — se é que as temos — as virtudes aprendidas para nos darmos bem com nossas mais secretas e mais íntimas tendências, com nossas mais urgentes necessidades: então, procuremos em nossos labirintos, onde, como se sabe, todos se perdem. Há coisa mais bela que procurar as próprias virtudes? Isso já não quer dizer quase: acreditar em sua própria virtude? Mas "acreditar em sua virtude" não será, no fundo, o mesmo que outrora se chamava "boa consciência", esse venerável e comprido rabicho conceitual que os nossos avós tinham na parte de trás da cabeça e, muitas vezes, também da razão? Assim, por pouco que nos julguemos antiquados e ancestralmente honrados, parece haver uma coisa em que continuamos a ser os dignos netos desses avós, nós, últimos europeus de boa consciência: ainda temos os rabichos. Ah! Se soubessem quão depressa tudo vai mudar!

215) Tal como, no reino das estrelas, às vezes, há dois sóis que determinam a trajetória de um só planeta, tal como, em certos casos, os sóis que iluminam um só planeta são de cores diferentes, ora com luz vermelha, ora com luz verde, para depois o atingirem de novo simultaneamente, inundando-o de muitas cores: assim, nós, homens modernos, graças à complicada mecânica do nosso "céu estrelado", somos determinados por diferentes morais; nossas ações brilham alternadamente com diversas cores, não raro são inequívocas e, com frequência, acontece que cometemos ações multicores.

216) Amar seus inimigos? Creio que isso aprendemos bem: ocorre hoje de mil maneiras, em pequena e em grande escala. Por vezes, acontece até algo de mais elevado e mais sublime — aprendemos a desprezar quando amamos e, justamente, quando amamos melhor: mas tudo isso inconscientemente, sem barulho, sem pompa, com esse pudor e esse mistério da bondade que proíbe a palavra solene e a fórmula virtuosa. Hoje, a postura moral vai contra o nosso gosto. Isso é também um progresso: tal como foi um progresso a religião ser contrária ao bom gosto de nossos pais, incluindo a inimizade e a amargura voltairiana contra a religião (e tudo o que, outrora, fazia parte da mímica dos espíritos livres). É a música em nossa consciência,

a dança em nosso espírito, com a qual as ladainhas puritanas, os sermões de moral e bondade não se harmonizam.

217) Tomemos cuidado com aqueles que atribuem grande valor ao fato de nos julgarmos capazes de ter tato moral e sutileza no discernimento moral: eles nunca nos perdoarão por, eles próprios, terem se enganado em nossa presença (ou em relação a nós). Eles se tornam inevitavelmente os nossos difamadores e detratores instintivos, mesmo que continuem a ser nossos "amigos". Bem-aventurados os que esquecem facilmente, pois conseguirão "livrar-se" também dos próprios equívocos.

218) Os psicólogos da França — e onde mais existirão ainda hoje psicólogos? — não esgotaram ainda o prazer amargo e multiforme na "*bêtise bourgeoise*", como se enfim, com essa atitude, eles denunciassem algo. Flaubert, por exemplo, o bom burguês de Rouen, por fim não via, não ouvia e não saboreava já outra coisa: era o seu modo de autotormento e crueldade mais refinado. Ora, para variar, pois isso começa a aborrecer, recomendo outra coisa para saborearmos: a manha inconsciente com que todos os cérebros bons e os espíritos tacanhos da moderação reagem contra os espíritos superiores e suas tarefas, essa fina e complexa manha jesuítica que é mil vezes mais sutil que a inteligência e o gosto dessa classe média em seus melhores momentos, mesmo mais refinada que a inteligência das suas vítimas: o que prova uma vez mais que, entre todos os tipos de inteligência que até agora foram descobertos, o "instinto" é o mais inteligente. Estudem, enfim, ó psicólogos, a filosofia da "regra" em luta com a "exceção": aí há um espetáculo, digno dos deuses e da divina malícia. Ou, mais claramente: fazei a vivissecção no "homem bom", no "*homo bonae voluntatis*"... em vós!

219) O julgamento e a condenação morais são a vingança predileta das inteligências limitadas contra as inteligências menores. Além de uma espécie de compensação por terem sido mal dotadas pela Natureza, é também a oportunidade de elas próprias obterem espírito e tornarem-se refinadas: a malícia espiritualiza. Bem no fundo do coração, agrada-lhes a existência de um padrão que coloque, ao seu nível, os dotados de bens e privilégios de espírito: lutam pela "igualdade de todos perante Deus" e é quase para isso que precisam da fé em Deus. Entre elas, estão os mais fortes adversários do ateísmo. Quem dissesse: "uma alta espiritualidade não se compara à honradez e à integridade do homem puramente moral", deixá-los-ia enfurecidos — terei o cuidado de não fazer isso. Pelo contrário, preferiria lisonjeá-los com minha asserção, segundo a qual uma alta espiritualidade existe apenas como último produto de qualidades morais, uma síntese de todos esses estados atribuídos aos homens "puramente morais". Obtêm-se esses estados um por um, através de uma longa disciplina e treino, talvez em muitas cadeias de gerações. Ainda dizem que a elevada espiritualidade é justamente a espiritualização da justiça e desse benevolente rigor

que se sabe estar encarregado de manter, no mundo, a hierarquia, mesmo entre as coisas e não só entre os homens.

220) Agora que o louvor do "desinteressado" é tão popular, importa tomar-se consciência, não sem algum risco talvez, pelo o que o povo se interessa, e quais são, afinal, as coisas com que o homem vulgar muito se importa: incluindo as pessoas cultas, os próprios eruditos e, se não estou enganado, também os filósofos. Observa-se, então, que grande parte do que interessa e encanta os gostos mais delicados e mais refinados, as naturezas superiores, ao homem médio, é totalmente "desprovido de interesse": se, apesar disso, nota-se uma certa dedicação, chama a isso *desintéressé* e se admira de que seja possível agir "desinteressadamente". Alguns filósofos souberam dar a essa admiração do povo uma expressão sedutora, mística e supraterrena (talvez por não terem conhecido por experiência a natureza superior?), em vez de apresentarem a verdade nua e bastante fácil de que a ação "desinteressada" é uma ação muito interessante e interessada, contanto que... "E o amor?" Como? Até uma ação por amor havia de ser "altruísta"? Oh, seus palermas! "E a exaltação daquele que a si sacrifica?" Mas quem realmente fez sacrifícios sabe o que pretendia e que recebeu algo em troca, talvez algo próprio em troca de algo próprio, sabe que deu aqui para ter mais ali, talvez para ser mais ou, pelo menos, para se sentir como "mais". Aqui está um domínio de perguntas e respostas em que um espírito mais delicado não gosta de se deter — de modo que, aqui, a verdade precise reprimir o bocejo, se tiver que responder. Em última análise é uma mulher: não se deve violá-la.

221) Um moralista minucioso diz: acontece que eu respeito e trato com distinção um homem altruísta; não, porém, pelo fato de ele assim ser, mas por me parecer que ele tem o direito de ser útil a outrem sem intenções próprias. Enfim, sempre surge o problema de se saber quem é ele e quem é aquele. Em alguém, por exemplo, que estivesse predestinado e feito para mandar, a autonegação e a humilde solitária não seriam virtudes, mas o desperdício de uma virtude: é o que me parece. Toda moral altruísta, que se considera absoluta e se dirige a todos, não peca só contra o bom gosto: instiga a pecados de omissão, mais uma sedução sob a máscara da filantropia e, justamente, uma sedução e dano contra homens superiores, raros, privilegiados. É preciso obrigar as morais a se curvarem, inicialmente, perante a hierarquia. Deve-se censurar-lhes a arrogância até perceberem que é imoral dizer: "o que é justo para um, é para o outro". Assim falava o meu moralista e "*bon homme*": merecia ele o deboche quando, desse modo, intimava as morais a terem moralidade? Mas não convém ter muita razão quando se deseja ter, a seu favor, os que riem — um grãozinho de não razão é, até, índice de bom gosto.

222) Por toda parte onde, hoje, prega-se a piedade — perceba que já não se prega outra religião —, o psicólogo deve ter os ouvidos bem abertos: por meio de toda vaidade, de todo barulho, próprio desses pregadores (como de todos os pregadores),

ele ouvirá um som rouco, arquejante, autêntico de autodesprezo. Se não é a causa, ao menos, ela faz parte daquele obscurecimento e afeamento da Europa, já em crescimento há um século (cujos primeiros sintomas estão documentados em carta profunda de Gagliani a Madame d'Epinay). O homem de "ideias modernas", esse altivo macaco, está extremamente descontente consigo próprio: isso é um fato. Ele padece — e a sua vaidade permite apenas que ele "compadeça"...

223) O mestiço europeu — um plebeu bastante feio, no geral — precisa absolutamente de fantasias: precisa da história como guarda-roupa. Naturalmente nota que nenhuma fantasia lhe cai bem, muda e volta a mudar. Vejam o século XIX, nas suas preferências efêmeras e nas diferentes mascaradas de estilo; também em seus momentos de desespero por "nada servir". Em vão coloca a máscara de romântico ou clássico, de cristão ou florentino, de barroco ou "nacional", *in moribus et artibus*:[44] "nada cai bem"! Mas o "espírito", em especial o "espírito histórico", descobre ainda uma vantagem nesse desespero: reexperimenta sempre, veste, tira, arrecada, mas sobretudo estuda um novo farrapo do passado e do estrangeiro — nós somos a primeira época a estudar "fantasias", isto é, as morais, os artigos de fé, os gostos artísticos e as religiões, preparados, como nunca, para o Carnaval de grande estilo, a mais espiritual gargalhada e exuberância carnavalesca, para a elevação transcendental do supremo equívoco e do escárnio aristofânico do mundo. É possível que descubramos, justamente aqui, o domínio da nossa invenção, esse domínio em que também nós podemos ser originais, como imitadores da história Universal e palhaços de Deus — embora seja possível nada se conservar no futuro, talvez nosso riso permaneça!

224) O sentido histórico (ou a faculdade de adivinhar rapidamente a hierarquia de valorações segundo as quais viveu um povo, uma sociedade, um homem, o "instinto divinatório" para as relações entre valorações, pela relação entre a autoridade dos valores e das forças atuantes): esse sentido histórico, que nós, europeus, reivindicamos como particularidade nossa, veio até nós na marcha daquela encantadora e tola semibarbárie em que a mistura das classes e raças da Europa afundou — o século XIX conhece esse sentido como seu sexto sentido. Todas as formas e modos de viver, todas as civilizações do passado, outrora muito juntas no espaço e no tempo, desembocam em nós, "almas modernas", graças àquela mistura. Agora, nossos instintos refluem em todas as direções, nós próprios somos uma espécie de caos: o "espírito", como já disse, descobre a sua vantagem. Devido à nossa semibarbárie no corpo e nos desejos, temos acesso a toda espécie de labirintos, cuja época aristocrática alguma possuiu, sobretudo o acesso ao labirinto das culturas incompletas, de cada semibarbárie que já houve na Terra. Na medida em que a parte mais considerável da cultura humana foi, até agora, semibarbárie, o "sentido histórico" quase

44 "Nos costumes e nas artes."

significa sentido e instinto para tudo, gosto e paladar para tudo: com o que, imediatamente, demonstra ser um sentido não aristocrático. Voltamos, por exemplo, a estimar Homero: talvez constitua o nosso progresso mais feliz o saber saborear Homero, que os homens de uma cultura nobre (por exemplo, os franceses do século XVII, como Saint-Evremond, que lhe censura o "*esprit vaste*", e até mesmo aquele que é seu sucessor, Voltaire) não sabem nem sabiam compreender com facilidade, que mal ousavam provar. O muito distinto Sim e o Não de seu paladar, o seu nojo pronto a aparecer, a sua reserva hesitante a respeito de tudo quanto fosse estranho, o seu medo da falta de gosto, mesmo por parte da curiosidade viva. De modo geral, aquela má vontade de toda cultura nobre e autossuficiente em confessar a existência de uma nova cobiça, de uma insatisfação em relação ao que é nosso, da admiração pelo que é dos outros — tudo isso os coloca em situação desfavorável diante das melhores coisas do mundo, que não são propriedade sua ou não poderiam vir a ser sua presa, e nenhum sentido é mais incompreensível, para tais homens, que justamente o sentido histórico e sua submissa curiosidade plebeia. Não é diferente no que diz respeito a Shakespeare, essa espantosa síntese de gosto hispano-mauro-saxã, de que um ateniense do grupo de amigos de Ésquilo teria rido às gargalhadas, se é que não teria se zangado: nós, porém, aceitamos exatamente esse selvagem multicor, essa mistura do mais suave, do mais grosseiro e do mais artificial. Com secreta cordialidade, nós o fruímos como o refinamento da arte reservado a nós e, por isso, nos deixamos perturbar tão pouco pela proximidade e pelo odor nojento da plebe inglesa, na qual se agita a arte e o gosto de Shakespeare, quanto como, por exemplo, na Chiaia, em Nápoles: onde, com todos os nossos sentidos despertos, seguimos o nosso caminho, encantados e de boa vontade, por mais que cheirem mal os bairros de subúrbio. Nós, homens do "sentido histórico" — como tais, temos as nossas virtudes, isso é incontestável —, somos pouco exigentes, altruístas, modestos, valentes, plenos de autodomínio, cheios de dedicação, muito gratos, muito pacientes, muito afáveis: talvez, com tudo isso, não tenhamos muito "gosto". Afinal, confessemos: o que, a nós, homens do "sentido histórico", é mais complexo compreender, sentir, saborear, amar, o que nos encontra preconcebidos e quase hostis, é justamente o que há de perfeito e de mais amadurecido em toda a cultura e arte, o que há de aristocrático nas obras e nos homens de mar calmo, de autossuficiência serena, de dourado e frio, que mostram todas as coisas que alcançaram a perfeição. Talvez nossa grande virtude do sentido histórico esteja necessariamente em oposição ao bom gosto, ou, pelo menos, ao melhor dos gostos. Não conseguimos evocar em nós, senão desajeitadamente, hesitantes, apenas sob constrangimento, essas pequenas, curtas e supremas vicissitudes e transfigurações da vida humana, que às vezes surgem: esses momentos e milagres em que uma grande força voluntariamente se deteve diante do incomensurável e do infinito — em que se desfruta de um excesso de prazer na súbita dominação e petrificação, no sentir-se firme num solo ainda trêmulo. Convenhamos que a medida nos é estranha. O que nos atrai é justamente o infinito, o imenso. Tal como os cavaleiros no cavalo desenfreado, largamos as rédeas diante do infinito, nós, homens modernos, semibárbaros; só sentimos a nossa felicidade onde ali nos sentimos mais em perigo.

225) Hedonismo, pessimismo, utilitarismo, eudemonismo: todas essas de pensar, que medem o valor das coisas pelo prazer e pelo sofrimento, isto é, por circunstâncias acessórias e fatores secundários, são ingênuas para as quais todo aquele que sabe que tem força criadora e consciência de artista não olhará sem escárnio nem compaixão. Compaixão por vocês, creio não ser a compaixão como vocês entendem: não é compaixão pela "miséria social", pela "sociedade" e seus doentes e vítimas, por viciosos e quebrados, que jazem em torno de nós. Ainda menos é a compaixão pelas camadas de escravos insatisfeitos, oprimidos, revoltados que ambicionam o domínio a que chamam "liberdade". A nossa compaixão é superior, de horizontes mais vastos, nós vemos como o homem se torna medíocre, como vocês se tornam medíocres. Há momentos em que olhamos justamente a sua compaixão com uma angústia indescritível, em que nos defendemos dessa compaixão, em que achamos a sua seriedade mais perigosa que qualquer leviandade. Desejam, se possível, abolir o sofrimento — e não existe "possível" mais insensato. E nós? Parece que preferíamos torná-lo ainda mais intenso e pior do que jamais fora! O bem-estar, tal como vocês o entendem, não é um objetivo, antes nos parece ser um fim! Um estado que logo torna o homem ridículo e desprezável, que faz desejar a sua perdição. A disciplina do sofrimento, do grande sofrimento, não sabem que foi só essa disciplina que, até agora, criou tudo o que há de elevado no homem? Essa tensão da alma no infortúnio que se interpõe à força, os seus estremecimentos diante do grande cataclismo, o seu engenho, sua coragem em enfrentar, aguentar, interpretar, em aproveitar a desgraça e tudo o que já foi obtido de profundo, de mistério, de máscara, de espírito, de astúcia, de grandeza: não foi isso obtido sob sofrimento, sob a disciplina do grande sofrimento? No homem estão reunidos criatura e criador: no homem há matéria, fragmento, abundância, barro, excremento, absurdo, caos. No homem há também o criador, o escultor, a dureza de martelo, a contemplação divina do sétimo dia — percebem o contraste? E percebem que a sua compaixão é pela "criatura no homem", pelo que deve ser formado, quebrado, forjado, rasgado, queimado, ardido, purificado — pelo que necessariamente tem de sofrer e deve sofrer? E a nossa compaixão — não percebem para quem se dirige a nossa compaixão contrária, quando se defende da vossa compaixão como da pior de todas as fraquezas? Compaixão, portanto, contra compaixão! Mas, uma vez mais, há problemas superiores a todos os problemas do prazer, sofrimento e compaixão. E toda filosofia que se limita a isso é uma ingenuidade.

226) Nós, os imoralistas! Esse mundo que nos diz respeito, no qual temos que temer e amar, esse mundo quase invisível, inaudível, do exigir delicado, do obedecer delicado, um mundo do "quase", em todos os aspectos, espinhoso, capcioso, pontiagudo, comovente: sim, está bem defendido de observadores grosseiros e da curiosidade familiar! Estamos presos numa rede, uma camisa de forças de deveres, e não podemos

nos libertar — é justamente nisso que somos "homens do dever", nós também! Por vezes, dançamos nas nossas "cadeias" e entre nossas "espadas". Mais frequentemente, gememos debaixo delas e somos impacientes com toda a secreta dureza do nosso destino. Mas, seja o que for que façamos, os imbecis e a evidência dizem contra nós: "esses são homens sem deveres", temos sempre contra nós os imbecis e a evidência.

227) A honestidade (admitindo que seja essa a nossa virtude da qual não podemos nos libertar, nós, espíritos livres) — pois bem, vamos trabalhar nela, com toda malícia e amor, e não vamos cansar de nos "aperfeiçoar" na nossa virtude, a única que nos restou: que o seu brilho paire, um dia, como um crepúsculo dourado, azul, zombeteiro, sobre essa cultura que está envelhecendo e a sua seriedade surda e sinistra! E se, apesar disso, a nossa honestidade, um dia, se cansar e suspirar e esmorecer e nos achar muito duros, preferindo uma vida melhor, mais fácil e suave, como um vício agradável: permaneçamos duros, nós, derradeiros estoicos! E enviemos em seu auxílio tudo quanto dispomos de diabólico, a nossa repulsa pelo grosseiro e pelo casual, o nosso "*nitimur in vetitum*"[45], a nossa coragem de aventureiros, a nossa curiosidade aguda e requintada, a nossa mais sutil, mais oculta, mais espiritual vontade de poder e de superação do mundo, vontade essa que, cheia de cobiça, gira em torno de todos os reinos do futuro — corramos em auxílio do nosso "Deus", com todos os nossos "Diabos"! É possível que, por isso, não nos reconheçam e nos confundam: que importa! Dirão: "a sua honestidade é a sua maldade, nada mais". Que importa! E mesmo que tivessem razão! Não têm sido, até agora, os deuses todos os diabos batizados com outro nome e santificados? E, sobretudo, o que sabemos sobre nós mesmos? Nós sabemos como o espírito que nos guia deseja que lhe chame (é uma questão de nomes)? E quantos espíritos habitam em nós? A nossa honestidade, ó espíritos livres, cuidemos de que ela não venha a ser a nossa vaidade, adorno e pompa, o nosso limite, a nossa estupidez! Toda virtude tende para a estupidez, toda estupidez para a virtude; "estúpido até a santidade", dizem na Rússia; cuidemos de que, por honestidade, não nos tornemos santos e enfadonhos! Não será a vida cem vezes curta demais para que, nela, nos aborreçamos? Já era preciso acreditar-se na vida eterna, para...

228) Que me perdoe a descoberta de que, até agora, toda a filosofia da moral foi entediante e fez parte dos soníferos — e que, a meu ver, a "virtude" por nada foi tão prejudicada como pelo fastio proveniente dos seus defensores: com o que não quero negar a utilidade geral destes. Importa muito que o menor número possível de pessoas reflita sobre a moral — e importa, portanto, muitíssimo que a moral não acabe, um dia, por se tornar interessante! Mas estejam descansados! A situação é hoje a mesma de sempre: não vejo ninguém, na Europa, que tivesse (ou desse) a ideia de que a reflexão moral pudesse ser perigosa, complicativa, sedutora — que pudesse conter fatalidade!

45 "Precipitamo-nos ao desconhecido."

Vejam, por exemplo, como os incansáveis e inevitáveis utilitaristas ingleses trilham, pesada e gravemente, para lá e para cá, as pegadas de Bentham (uma parábola de Homero dirá mais claramente), tal como este trilhava já as pegadas do bom do Helvécio (não, não era homem perigoso, esse Helvécio, "*ce sénateur Pococurante*",[46] para falar com Galiani). Nenhum pensamento novo, nenhuma variante, nenhum desenvolvimento de um pensamento velho, nem sequer uma verdadeira História que outrora se pensou: em suma, uma literatura impossível, desde que não se saiba temperá-la com um pouco de malícia. Também nesses moralistas (que devem ser lidos com reserva, se é que devem ser lidos) se infiltrou aquele velho vício inglês que se chama "*cant*" e que é uma "dissimulação" moral, dessa vez oculta sob uma nova aparência científica; também não lhes falta uma resistência oculta aos remorsos de que, obviamente, sofrerá uma raça de antigos puritanos, apesar de se ocupar cientificamente da moral. (Não é um moralista o oposto de um puritano? Quer dizer, como pensador que concebe a moral como coisa duvidosa, como coisa que merece muitos pontos de interrogação, enfim, como um problema? Moralizar não seria imoral?) Ao fim e ao cabo, todos eles querem que se dê razão à moralidade inglesa: desde que com ela se sirva melhor à Humanidade, ou ao "proveito geral" ou à "felicidade da maioria" — a felicidade da Inglaterra; querem demonstrar a força que a aspiração à felicidade inglesa, quero dizer, ao "*comfort*" e "*fashion*" (e, em última instância, a um lugar no Parlamento), é, ao mesmo tempo, o verdadeiro caminho para a virtude, e até querem demonstrar que toda virtude até agora existente consistia justamente nessa aspiração. Nenhum desses pesados animais de rebanho, de consciência inquieta (e que se propõem a defender a causa do egoísmo como causa do bem-estar geral) quer saber ou farejar que o "bem-estar geral" não é um ideal, um alvo, um conceito definível, mas sim e apenas um grande vômito — o que é justo para um é muito capaz de não poder ser justo para o outro; que a exigência de uma moral para todos é o prejuízo, justamente, dos homens superiores; enfim, que há uma ordem hierárquica entre os homens e, por conseguinte, também entre as moralidades. É um tipo de homem modesto e integralmente medíocre, o desses ingleses utilitários, e, como já disse: embora sejam enfadonhos, pode muito bem levar-se em conta a sua utilidade. Deveria mesmo encorajá-los, como se tentou, em parte, nos versos seguintes:

Salve, bravos carroceiros,
Sempre "quanto mais, melhor",
Cada vez mais entorpecidos de cabeça e de joelhos,
Sem entusiasmo, sem graça,
Irremediavelmente medíocres,
Sans génie et sans esprit![47]

46 "Esse senador indiferente."
47 "Sem gênio e sem espírito."

229) Essas épocas tardias, que poderiam orgulhar-se da sua humanidade, têm ainda tanto medo, tanta superstição do "animal feroz e cruel", cuja sujeição constitui justamente o orgulho dessas épocas mais humanas, que mesmo as verdades mais tangíveis deixam de ser expressas, durante séculos e como que por combinação, porque aparentam querer ressuscitar aquele animal feroz, finalmente morto. Talvez me arrisque um pouco ao deixar escapar uma dessas verdades: possam outros captá-la e a façam beber tanto "leite do pensamento inocente" que ela volte a ficar arrumada em seu cantinho, sossegada e esquecida. É preciso reaprender a crueldade e abrir os olhos; deve-se, finalmente, aprender a impaciência, para que não continuem a andar por aqui, virtuosa e insolentemente, enganos imodestos e grosseiros do tipo dos que, por exemplo, foram alimentados pelos filósofos velhos e novos, a respeito da tragédia. Minha tese é que quase tudo a que chamamos "cultura superior" se baseia na espiritualização e no aprofundamento da crueldade; aquele "animal selvagem" nem chegou a ser morto, vive, floresce, apenas foi divinizado. O que constitui a volúpia dolorosa da tragédia é a crueldade; o que tem produzido efeito agradável na chamada compaixão trágica e, no fundo, em tudo que seja sublime, até os estremecimentos supremos e mais delicados da metafísica, recebe a sua doçura exclusivamente dos ingredientes de crueldade. O romano na arena, o cristão no êxtase da cruz, o espanhol diante das fogueiras ou das touradas, o japonês dos nossos dias que se inclina para a tragédia, o operário dos subúrbios de Paris que tem a nostalgia das revoluções sangrentas, o wagneriano que, com a vontade suspensa, "se deixa inundar por Tristão e Isolda": o que todos eles gozam e aspiram beber com misterioso cio são as bebidas bem temperadas do grande Circo "crueldade". Para isso, deve-se, é certo, banir a psicologia parva de outrora que, da crueldade, apenas sabia ensinar que ela nasce à vista do sofrimento alheio. Há um enorme deleite, excessivo, também no próprio sofrimento, no fazer sofrer a nós mesmos e, sempre que o homem se deixa arrastar à autonegação no sentido religioso ou à automutilação, como aconteceu com os fenícios ou com os ascetas, ou à renúncia da carne, à tortura, ao arrependimento, ao espasmo puritano de penitência, à dissecação de consciência e ao "*sacrifizio dell' intelletto*"[48] de Pascal, é atraído e impulsionado secretamente pela sua crueldade, por esses perigosos arrepios da crueldade voltada contra si própria. Por fim, considere-se que mesmo o homem do conhecimento, ao forçar o seu espírito ao conhecimento contra a tendência do próprio espírito e, muitas vezes, também contra os desejos do seu coração, ou seja, dizer não, quando agradaria dizer sim, amar, adorar — procede como artista e transfigura a crueldade; tomar as coisas de modo sério, profundo, é uma violação, um querer afligir a vontade básica do espírito, que tende sempre para a aparência, para a superfície; em todo desejo de conhecimento já existe uma gota de crueldade.

48 "Sacrifício do intelecto."

230) Talvez, sem explicação, não se possa compreender o que eu disse sobre a "vontade básica do espírito". Permitam-me: esse algo imperativo a que o povo chama "espírito" quer ser senhor e sentir-se senhor em si e à volta de si — tem vontade de partir da multiplicidade para a simplicidade, uma vontade restritiva, escravizadora, sedenta de poder, dominadora. Suas necessidades e capacidades são, nesse ponto, as mesmas que as estabelecidas pelos psicólogos para tudo o que vive, cresce e se multiplica. A força do espírito em se apropriar de coisas estranhas se manifesta numa forte tendência de assemelhar o novo ao velho, de simplificar o complexo, de desprezar ou de rejeitar o contraditório: do mesmo modo que sublinha, destaca, falsifica arbitrariamente determinadas características e traços do que lhe é estranho, de qualquer pedaço de "mundo exterior". Assim, é sua intenção incorporar "experiências" novas, enquadrar coisas novas em quadros antigos — crescimento, portanto; ou, com mais exatidão, a sensação de crescimento, a sensação de força ampliada. Essa mesma vontade serve a um instinto aparentemente oposto do espírito, uma decisão que irrompe subitamente para a ignorância, para o isolamento arbitrário, um fechar de janelas, um negar íntimo a esta ou àquela coisa, um não se deixar aproximar, uma espécie de estado de defesa contra muito esclarecimento, um contentamento com a escuridão, com o horizonte limitado, um afirmar e uma aprovação da ignorância. Como tudo isso é necessário, conforme o grau do seu poder apropriador, da sua "força digestiva", no sentido figurado — realmente, é ao estômago que ao "espírito" mais se assemelha. Também entra aqui a ocasional vontade do espírito em se deixar iludir, talvez com um leviano pressentimento de que a coisa não é assim, de que apenas a admitimos como tal, um prazer na incerteza e na ambiguidade, uma satisfação íntima, cheia de júbilo, com a estreiteza e o mistério arbitrários de um cantinho, prazer com a vizinhança muito próxima, com o primeiro plano, com o complicado, reduzido, deslocado, embelezado, uma satisfação íntima com a arbitrariedade dessas manifestações do poder. Finalmente, entra aqui aquela prontidão, um tanto duvidosa, do espírito em iludir outros espíritos e se mascarar diante deles, aquela pressão e ímpeto constantes de uma força criadora, formativa e mutável: o espírito satisfaz nelas a sua multiplicidade de máscaras e a sua astúcia, desfruta também a sensação de sua segurança, pois é justamente pelas suas artes de Proteu que ele será mais defendido e mascarado! É contra esta vontade de aparência, de simplificação, de máscara, de manto, enfim, de superfície — pois cada superfície é um manto —, que atua aquela sublime tendência do homem do conhecimento que concebe, e quer conceber, as coisas de modo profundo, múltiplo e essencial: como uma espécie de crueldade da consciência e do gosto intelectuais que todo pensador corajoso reconhecerá em si, desde que, como convém, tenha endurecido e aguçado o seu olhar e se habitue a uma disciplina severa e também a palavras severas. Dirá: "há algo cruel na tendência do meu espírito" — que os virtuosos e as pessoas amáveis tentem corrigir, pois, de fato, seria mais simpático se, em vez de crueldade, nos acusassem, nos atribuíssem em voz baixa e elogiosa, uma "honestidade excessiva", a nós, espíritos livres, muito livres — e será talvez, um dia, esse o teor da nossa glória póstuma?

Talvez, há muito tempo, nós fôssemos menos inclinados a nos adornar com o ouro de tolo de tais expressões morais: toda nossa atividade passada nos estragou, justamente, esse gosto e a sua alegre exuberância. São palavras bonitas, cintilantes, sonoras, festivas: honestidade, amor da verdade, amor da sabedoria, sacrifício pelo conhecimento, heroísmo do verídico — há nelas algo que alimenta o orgulho. Mas nós, eremitas e marmotas, há muito nos convencemos de que, no segredo de uma consciência eremita, também essa digna parada de palavras pertence aos velhos ornamentos, às velhas ninharias, ao ouro falso da própria da vaidade humana, da mentira inconsciente. Também sob essas cores e pinturas tão lisonjeiras é preciso reconhecer o terrível texto original "*homo natura*". Pois conduzir o homem de volta à natureza; tornar-se senhor das interpretações e segundos sentidos, vaidosos e entusiastas, que até agora foram escritos e pintados sobre aquele eterno texto original "*homo natura*"; fazer com que, no futuro, o homem reconheça o homem de hoje tal como ele, endurecido na disciplina da ciência, se posiciona diante da outra natureza, com destemidos olhos de Édipo e ouvidos tapados de Ulisses, surdo às melodias atraentes dos velhos caçadores de pássaros metafísicos que, durante muito tempo, criaram ilusões como "você é mais! Você é superior! Você é tem outra origem!" — essa pode ser uma tarefa estranha e tola, mas é uma tarefa, e quem a negaria! Por que escolhemos essa tarefa tola? De outro modo: "afinal, por que conhecimento?", todos perguntarão. Assim pressionados, nós, que já nos perguntamos por cem vezes, não encontramos, nem encontraremos melhor resposta...

231) O estudo nos transforma, faz o mesmo que todo alimento; como sabe o fisiologista, ele apenas nos sustenta. Mas, no fundo de nós mesmos, "lá no fundo", há, na verdade, qualquer coisa que não pode se educar, um granito de "*fatum*" espiritual, de decisões predestinadas, respostas a perguntas escolhidas, pré-formuladas. A cada problema fundamental, ouve-se inevitavelmente dizer: "isso sou eu"; por exemplo. A respeito do homem e da mulher, um pensador não pode reaprender, mas apenas aprender até o fim — prosseguir até o fim na descoberta do que, para ele, era coisa sólida. Às vezes, encontramos soluções justamente dos problemas que alimentam nossa grande fé; talvez logo lhes chamem "convicções". Mais tarde, só se vê, nessas convicções, rastros que levam ao autoconhecimento, ao problema que somos — mais exatamente, à grande estupidez que somos —, ao nosso fatum espiritual, ao intratável, muito "lá no fundo". Depois dessa atitude simpática, que acabo de assumir em relação a mim próprio, talvez me seja permitido dizer, francamente, algumas verdades sobre a "mulher em si": agora já se sabe, de antemão, que são apenas as minhas verdades.

232) **** A mulher quer se emancipar: e, para isso, começa a esclarecer os homens sobre a "mulher em si". Isso constitui um dos piores afeamentos da Europa. Pois quanta coisa não se revelará nessas tentativas desajeitadas do cientificismo e autodesnudamento femininos! A mulher tem tantas razões para ficar envergonha-

da: na mulher há tanto de pedantismo, de superficial, doutrinário, de presunção mesquinha, de pequenez desenfreada e imodesta — deve-se analisar o seu convívio com crianças, o que, no fundo, até agora, só o medo do homem refreou e reprimiu. No dia em que o "eterno-tédio da mulher" — no qual ela é rica — ousar aparecer, coitados de nós! Quando ela começar a desaprender completamente a sua inteligência e a sua arte, a da graciosidade, a de brincar, de ser cuidadosa, de aliviar as penas e de tomá-las com leveza, o seu delicado jeito para desejos agradáveis! Agora já se ouvem vozes femininas — por santo Aristófanes! São de dar medo; explica-se, com clareza médica, o que a mulher quer do homem em primeiro lugar. Não revela supremo mau gosto o fato de a mulher se preparar, dessa maneira, para ser científica? Até agora, a tarefa do esclarecimento era, felizmente, coisa do homem, dom masculino, ficava "entre si"; é preciso ter reservas em tudo o que as mulheres escrevem sobre "a mulher", e desconfiar que a mulher, afinal, queira esclarecimentos a seu próprio respeito e que possa querê-lo... Se é que, com isso, ela não procura para si um novo adorno — creio que o adornar-se faz parte do eterno-feminino? Então pretende despertar receios: e, talvez, assim pretenda dominar. Mas não quer a verdade: o que importa, à mulher, a verdade! Desde a origem, nada é mais estranho, mais avesso, mais odioso à mulher que a verdade: a sua grande arte é a mentira, o que mais lhe interessa é a aparência e a beleza. Confessemos, nós homens: honramos e amamos na mulher justamente essa arte e esse instinto: nós, que temos vida difícil, para nos aliviarmos, gostamos de nos juntar a seres sob cujas mãos, olhares e tolices ternas, quase parecem tolices a nossa seriedade, o nosso peso, a nossa profundidade. Finalmente, pergunto: jamais uma mulher concedeu profundidade a um cérebro de mulher, justiça a um coração de mulher? E não é verdade que, no final das contas, a "mulher" foi, até agora, mais desprezada pela própria mulher e de forma alguma por nós? Nós homens desejamos que a mulher não continue a entender a si mesma pelo esclarecimento: competia aos homens cuidar da mulher quando a Igreja decretou "*mulier taceat in ecclesia*".[49] Foi em proveito da mulher que Napoleão deu a entender à bastante eloquente Madame de Staël: "*mulier taceat in politicis*"[50] — creio ser verdadeiro amigo das mulheres quem hoje disser: "*mulier taceat de muliere*"![51]

233) Revela corrupção dos instintos, além de revelar mau gosto, o fato de uma mulher citar, como argumento a seu favor, justamente Madame Roland, ou Madame de Staël, ou Monsieur George Sand, como se, assim, demonstrasse algo a favor da "mulher em si". Para os homens, as três mulheres citadas são mulheres cômicas por excelência e são justamente os melhores argumentos involuntários contra a emancipação e a autossuficiência femininas.

49 "Que a mulher se cale na igreja."

50 "Que a mulher se cale na política."

51 "Que mulher se cale sobre a mulher."

234) A estupidez na cozinha; a mulher como cozinheira; a horripilante insensatez com que se trata a alimentação da família e do chefe da casa! A mulher não percebe o que a comida significa: e quer ser cozinheira! Se a mulher fosse um ser pensante, cozinhando já há milhares de anos, teria feito as maiores descobertas fisiológicas, e teria se apossado da arte de curar! Por meio das más cozinheiras, pela falta total de bom senso na cozinha, é que foi mais atrasada, mais prejudicada, a evolução do homem: isso, nem hoje melhorou. Um discurso para meninas de boas famílias.

235) Há expressões de espírito, sentenças, apanhados de palavras, nos quais, de repente, se cristaliza uma cultura, uma sociedade. Penso naquelas palavras ocasionais de Madame de Lambert a seu filho: "*mon ami, ne vous permettez jamais que de folies, qui vous feront grand plaisir!*"[52] — diga-se de passagem: as palavras mais maternais e mais inteligentes que já se dirigiram a um filho.

236) Daquilo que Dante e Goethe pensaram da mulher — o primeiro, cantando "*ella guardava suso, ed io in lei*",[53] este, traduzindo-o por "o eterno-feminino nos eleva" — não duvido de que toda mulher distinta se defenderá dessa opinião, por que ela crê justamente isso sobre o eterno-masculino...

237) Sete pequenas máximas sobre a mulher:

O tédio desaparece, logo que um homem aparece.
Idade, ah, e ciência dão força também à fraca virtude.
Vestida de negro e calada, toda mulher tem aspecto de inteligente.
A quem estou grata, quando feliz? A Deus e à minha modista.
Jovem: um cesto de flores. Velha: uma caverna de onde sai dragão.
Nome nobre, perna bonita, e ainda um homem: oh, se fosse meu!
Poucas falas, sentido profundo — gelo em que cai a tonta!

Até então, as mulheres foram tratadas pelos homens como pássaros que, vindos das alturas, se perderam e vieram se refugiar aos pés deles: como algo de mais delicado, mais vulnerável, mais selvagem, mais esquisito, mais doce, com mais alma, porém algo que, para que não fuja, deve-se engaiolar.

238) Enganar-se no problema fundamental "homem e mulher", negar aqui o mais profundo antagonismo e a necessidade de uma tensão eternamente hostil, sonhar aqui, talvez, com direitos iguais, com educação igual, com exigências e obriga-

52 "Meu amigo, jamais se permita loucuras, senão as que lhe deem grande prazer."

53 "Ela olhava para o alto, e eu para ela."

ções iguais: é um sinal típico de superficialidade, e um pensador que, nessa questão perigosa, se mostrou superficial — superficial no instinto! — pode ser considerado suspeito, mais ainda, como traído, como descoberto: será muito reduzido em todos os problemas essenciais da vida e não poderá descer a nenhuma profundidade. Porém, um homem que possua tanto profundidade de espírito como ambição, e também essa profundidade de benevolência capaz de rigor, dureza, que facilmente se confunde com estas, não pode tomar, a respeito da mulher, senão uma posição oriental: ele tem de conceber a mulher como propriedade, como objeto que possa trancar à chave, como algo predestinado ao servilismo e que só nele se completa; nesse ponto, é preciso aceitar a prodigiosa razão da Ásia, a superioridade de instinto asiático, como outrora fizeram os gregos, esses melhores herdeiros e discípulos da Ásia que, como se sabe, de Homero a Péricles, com o progresso da cultura e o acréscimo da força física, passo a passo, foram se tornando mais rigorosos para com a mulher — numa palavra, mais orientais. Quão necessário, quão lógico, quão humanamente desejável foi isso: que cada um medite!

239) Em nenhuma época, o sexo fraco foi tratado, por parte dos homens, com tanto respeito como na nossa; isso é uma consequência da nossa tendência e do nosso gosto essencialmente democráticos, tal como a falta de respeito pela velhice: quanto a isso, não é de se admirar haver abusos? Deseja-se mais, aprende-se a exigir, acaba-se por achar quase uma ofensa a homenagem rendida, prefere-se a competição de direitos, mesmo a luta: enfim, a mulher perde o pudor. Acrescentemos, desde já, que também perde o gosto. Desaprende a temer o homem: mas a mulher que "desaprende o temor" abandona os seus instintos mais femininos. É bastante justo e compreensível que a mulher ouse avançar quando o que no homem inspira receio, ou mais claramente, quando o homem no homem já não é desejado, nem é formado pela educação; o que é mais difícil compreender é que por isso mesmo a mulher degenera. É o que acontece hoje: não tenhamos ilusões a esse respeito! Por todo lado, onde o espírito industrial venceu o espírito militar e aristocrático, a mulher aspira à autonomia econômica e jurídica de um caixeiro: "a mulher como balconista" está afixado no portão da sociedade moderna em formação. Apoderando-se, desse modo, de novos direitos, aspirando ser "patrão", inscrevendo o "progresso" da mulher nas suas bandeirinhas, ela realiza, com nitidez assustadora, o contrário: a mulher perde influência. Desde a Revolução Francesa, a influência da mulher, na Europa, decresceu à medida que cresceu em direitos e exigências; e a "emancipação da mulher", na medida em que é reivindicada e promovida pelas próprias mulheres (e não só pelos bestalhões masculinos) resulta, desse modo, como um curioso sintoma do crescente enfraquecimento e embotamento dos instintos mais femininos. Há estupidez nesse movimento, uma estupidez quase masculina, diante da qual uma mulher bem constituída — que é sempre uma mulher inteligente — deveria se envergonhar. Perder o faro dos meios que conduzem mais seguramente à vitória; desleixar a prática na arte das armas mais apropriadas; perder a linha perante o homem, talvez mesmo "até o

livro", quando outrora se adotavam as boas maneiras e a submissão astuta e fina; eliminar, com atrevimento virtuoso, a fé do homem num ideal totalmente diferente, oculto na mulher, em qualquer coisa de eterna e necessariamente feminino; dissuadir o homem, de modo expresso e loquaz, de que a mulher devia ser mantida, cuidada, protegida, poupada como delicado animal doméstico, estranhamente selvagem e frequentemente agradável; juntar desajeitadamente e com indignação tudo o que lembrava a escravidão e a servidão que tinha e ainda tem a posição da mulher na ordem atual da sociedade (como se a escravidão fosse um contra-argumento e não, pelo contrário, uma condição de toda cultura superior, de toda elevação da cultura): o que significa tudo isso senão uma desintegração do instinto feminino, uma perda de feminilidade? Está claro que há muitos amigos idiotas e corruptores da mulher, entre os burros eruditos do sexo masculino, que aconselham a mulher a se desfeminizar dessa maneira e a imitar todas as parvoíces de que sofre o "homem" na Europa, a "virilidade" europeia — que desejariam fazer que a mulher se rebaixasse à "cultura geral", até mesmo à leitura dos jornais e à politicagem. Aqui e além, até se pretende fazer, das mulheres, espíritos livres e literatos: como se uma mulher sem caridade não fosse, para um homem profundo e ímpio, algo de completamente repugnante ou de ridículo; estragam, por quase toda parte, seus nervos com o mais doentio e perigoso de todos os tipos de música (a nossa música alemã moderna) e tornam-nas, todos os dias, mais histéricas e mais incapazes para a sua primeira e última profissão, dar à luz crianças saudáveis. Querem-na cultivar ainda mais e, como dizem, por meio da cultura, tornar forte o sexo fraco: como se a História não ensinasse com a maior insistência que a "cultura" do homem e o enfraquecimento — isto é, enfraquecimento, dispersão, amolecimento da força de vontade — andaram sempre juntos, e que as mulheres mais poderosas e de maior influência (ultimamente ainda, a mãe de Napoleão) deviam o seu poder e a preponderância sobre os homens justamente à sua força de vontade, e não aos mestres-escolas! O que, na mulher, inspira respeito e, muitas vezes, medo, é a sua natureza, "mais natural" que a do homem, a sua genuína e astuciosa agilidade de animal feroz, a sua garra de tigre sob a luva, a sua ingenuidade no egoísmo, a impossibilidade de a educar e o seu instinto indomável; o inconcebível, o vasto e o inconstante das suas paixões e das suas virtudes... Apesar do medo, o que faz que tenhamos pena dessa "mulher" perigosa e bela é ela parecer mais sofredora, mais vulnerável, mais necessitada e mais condenada à desilusão do que qualquer outro animal. Temor e compaixão: foi com esses sentimentos que, até agora, o homem se encontrou diante da mulher, já com um pé na tragédia que dilacera, ao mesmo tempo que encanta. Como? E isso teria se acabado agora? E o encanto da mulher estaria em marcha? Surge lentamente o tédio da mulher? Ó Europa! Europa! Conhece o animal com chifres que, para você, sempre foi o mais atraente, que sempre representou ameaça! Sua velha fábula podia mais uma vez tornar-se "história" — mais uma vez, uma grande estupidez poderia de você se apoderar e arrastá-la! E nenhum deus estaria escondido sob ela, não! — apenas uma "ideia", uma "ideia moderna"!

CAPÍTULO 8

POVOS E PÁTRIAS

240) Ouvi, mais uma vez, como se fosse a primeira, a abertura dos "Mestres Cantores", de Richard Wagner — é uma arte pomposa, sobrecarregada, pesada e tardia que se orgulha em supor vivos ainda, como premissas da compreensão, dois séculos de música: é honroso para os alemães que tal orgulho não se tenha enganado. Que seivas e forças, que estações e climas se encontram aqui misturados! Isso tem um ar, ora antiquado, ora estranho, acre e muito verde; é tão arbitrário como pomposamente tradicional, por vezes zombador, mais vezes ainda rude e grosseiro, tem fogo e coragem e, ao mesmo tempo, a casca mole e lívida dos frutos que amadurecem muito tarde. Isso corre abundantemente e de repente, um momento de inexplicável hesitação, como que uma lacuna que se abre entre causa e efeito, uma pressão que nos faz sonhar, quase um pesadelo — mas, de novo, já se alarga e dilata a velha corrente de agrado eufórico, múltiplo, de nova e velha felicidade, largamente se misturando à felicidade do artista em si, de que ele não pretende esconder o seu conhecimento surpreso e feliz por serem magistrais os meios empregados, meios artísticos novos, adquiridos por ele próprio, ainda não experimentados, como parece querer nos dar a entender. No todo, nada de belo, nada de meridional, nada da fina claridade do céu meridional, nenhuma graciosidade ou dança, mal se nota uma vontade de lógica; mesmo uma certa deselegância, ainda por cima sublinhada, como se o artista nos quisesse dizer: "era essa a minha intenção"; umas vestes pesadas, algo de arbitrariamente bárbaro, de solene, uma confusão cintilante de preciosidades e rendas pedantes, veneráveis; algo de alemão no melhor e pior sentido da palavra, algo que é, à maneira alemã, complexo, informe e inesgotável; um certo poderio e uma plenitude alemã da alma que não receia esconder-se sob os "refinamentos" da decadência, que talvez assim se sinta mais à vontade; verdadeiro e genuíno símbolo da alma alemã, simultaneamente jovem e antiquada, hipermadura e hiper-rica de futuro. Esse tipo de música exprime melhor a minha opinião sobre os alemães — eles são de anteontem e de depois de amanhã, ainda não têm um hoje.

241) Nós, "bons europeus", também temos horas em que nos permitimos um efusivo patriotismo, um salto e uma recaída em velhos amores e estreitezas — como acabo de provar —, horas de efervescência nacional, de aflições patrióticas ou toda espécie de antiquadas inundações sentimentais. O que, conosco, termina dentro de horas, espíritos menos versáteis que nos talvez consigam digerir apenas em intervalos mais longos, alguns em meio ano, outros em meia vida humana, conforme a rapidez e a força com que se processam a digestão e o "metabolismo". Sim, posso imaginar raças apáticas e hesitantes que, mesmo na nossa Europa veloz, precisariam de meios séculos para

vencer tais acessos atávicos de patriotismo e de apego à terra natal e regressar à razão, ou seja, ao "bom europeísmo". Ao divagar nessa possibilidade, acontece que testemunho uma conversa de dois velhos "patriotas" — evidentemente, ambos ouviam mal e falavam, por isso, mais alto: "Aquele entende tanto de filosofia quanto um camponês ou um estudante vadio" — disse um deles — "é ainda inocente. Que importa isso hoje! É a era das massas: elas prostram-se diante tudo que seja massificado. E o mesmo acontece '*in politicis*'. Um estadista que lhes constrói uma nova Torre de Babel, uma monstruosidade qualquer de império e poder é, para eles, 'grande': que importa que nós, os mais cautelosos e mais reservados, não abandonemos, por enquanto, a velha convicção de que apenas a grandeza de pensamento confere grandeza a uma ação e a uma coisa. Supondo que um estadista conduza o seu povo à situação de, doravante, ter que fazer a 'grande política' para a qual, por natureza, está mal dotado e preparado: de forma que esse povo tenha necessidade de sacrificar as suas virtudes velhas e seguras a uma nova mediocridade duvidosa; supondo que um estadista condene o seu povo a 'fazer política' em geral enquanto o tal povo tinha, até agora, coisas melhores a fazer e a pensar e, no fundo da sua alma, não conseguia libertar-se de uma repulsa cautelosa pela inquietação, pelo vazio e pela aversão barulhenta dos povos propriamente politiqueiros: supondo que tal estadista instigue as paixões e desejos adormecidos do seu povo, que transforme em vergonha a sua timidez e o seu prazer em se manter espectador, em crime o seu entusiasmo pelo que é estrangeiro e o seu gosto secreto pelo infinito, que lhe deprecie as suas mais queridas tendências, inverta a consciência, estreite o espírito e nacionalize o gosto, como um estadista que fizesse tudo isso, do qual o seu povo deveria penitenciar-se todo futuro, se tiver futuro, tal estadista seria grande?". "Sem dúvida!", respondeu violentamente o outro velho patriota, "se não, não o teria podido fazer. Talvez tenha sido tolo em pretender uma coisa dessas? Talvez tudo que é grande no início fosse apenas tolo!" "Abuso de palavras", retorquiu o seu interlocutor. "Forte! Forte! Forte e Tolo! Não grande!" Os velhos aqueceram visivelmente, lançando assim as suas verdades; mas eu, na minha felicidade e no meu para-além, ponderei que, em breve, outro mais forte será senhor desse forte e também que, para a superficialização espiritual de um povo, há uma compensação, ou seja, um outro que se torna profundo.

242) Chame "civilização" ou "humanização" ou "progresso" àquilo em que se procura agora a distinção do Europeu; chame simplesmente, sem louvor nem censura, com uma fórmula política, movimento democrático da Europa: por trás de todos os primeiros planos morais e políticos que são indicadas com essas fórmulas, realiza-se um imenso processo fisiológico que, cada vez mais, intensifica-se — o processo de assimilação dos europeus, a sua ascendente libertação das condições sob as quais se formam raças vinculadas pelo clima e pela classe, a sua crescente independência de todo o meio ambiente determinado que, durante séculos, desejaria se gravar na sua alma e no corpo com exigências sempre iguais, ou seja, a lenta aparição de um tipo de homem essencialmente supranacional e nômade que, fisiologicamente falando, possui, como distinção típica, um máximo de faculdade e de força

de adaptação. Esse processo de evolução do Europeu, que pode ser retardado na sua velocidade por grandes recaídas, mas que, talvez justamente por isso, ganhará em veemência e em profundidade — cabe aqui o movimento impetuoso do "sentimento nacional"; assim como o anarquismo nascente esse processo terá, provavelmente, resultados com os quais não queriam entrar em linha de conta os seus ingênuos promotores e apologistas, os apóstolos das "ideias modernas". Essas novas condições, sob as quais se processará, em média, um nivelamento a uma mediocridade do homem animal de rebanho útil, trabalhador, multiplamente aproveitável e obediente são, no mais elevado grau, próprias para dar origem a homens excepcionais do tipo mais perigoso e mais atraente. Porque, ao passo que aquela faculdade de adaptação, que experimenta condições sempre variadas e que, a cada geração, quase em cada decênio, começa um novo trabalho, torna impossível o domínio do tipo; ao passo que a impressão total causada por europeus de futuro será a de trabalhadores verbosos, pobres de vontade e muito dóceis, que precisam do senhor, do chefe, como do pão quotidiano; ao passo que, portanto, a democratização da Europa levará à produção de um tipo preparado para a escravatura no sentido mais sutil: o homem forte, nos casos únicos e excepcionais, deverá tornar-se mais forte e mais rico do que jamais foi, graças à falta de preconceitos na sua instrução, graças à imensa variedade de prática, de arte e de dissimulação. Queria dizer: a democratização da Europa é, ao mesmo tempo, uma instituição involuntária para a criação de tiranos — entendida essa palavra em todos os sentidos, mesmo no mais espiritual.

243) Com prazer ouço dizer que o nosso Sol se dirige rapidamente para a constelação de Hércules; e espero que, nisso, o homem da Terra imite o Sol! E nós na vanguarda, nós, os bons europeus!

244) Houve um tempo em que, habitualmente, dava-se aos alemães, como sinal de distinção, o título de "profundos"; agora, que o tipo de maior êxito do novo germanismo ambiciona honrarias completamente diferentes e talvez sinta, em tudo o que tem profundidade, a falta de "aprumo militar". Quase é oportuno e patriótico duvidar de não ter sido engano aquele antigo elogio: enfim, duvidar da profundeza alemã, no fundo, ter sido outra coisa e pior e algo que, graças a Deus, vai se perdendo com êxito. Façamos, então, a tentativa de rever a profundeza alemã: para tal, basta dissecar um pouco a alma alemã; ela é, sobretudo, múltipla, de origem variada, mais composta que propriamente estruturada: a razão disso reside na sua origem. Um alemão que quisesse atrever-se a afirmar: "Ah! Duas almas habitam o meu peito", ofenderia muito a verdade ou, mais exatamente, ficaria a uma distância de muitas almas para trás da verdade. Como povo da mais monstruosa mistura e confusão de raças, talvez até com uma preponderância de elementos pré-arianos, como "povo do centro" em todos os sentidos, os alemães são, para consigo mesmos, mais incompreensíveis, mais complexos, mais contraditórios, mais desconhecidos, mais incalculáveis, mais surpreendentes, mesmo mais terríveis que os outros povos: escapam a qualquer definição, e, só por isso, são o desespero dos franceses. Caracteriza os

alemães o fato de neles nunca morrer a pergunta "o que é alemão?". Kotzebue, certamente, conhecia bem os alemães: "nós fomos compreendidos", gritavam-lhe ao aclamá-lo, mas também San[54] julgou conhecê-los bem. Jean Paul sabia o que fazia ao declarar-se, cheio de furor, contra as lisonjas e exageros mentirosos, mas patrióticos de Fichte, mas é provável que Goethe tenha pensado sobre os alemães diferentemente de Jean Paul, embora tenha dado razão a respeito de Fichte. O que foi que Goethe, afinal, pensou sobre os alemães? Sobre muitas coisas à sua volta, ele nunca falou com nitidez e sempre soube guardar silêncio sutil: tinha, de fato, boas razões para isso. O certo é que não foram as "Guerras da Libertação" que lhe deram alegria, tampouco a Revolução Francesa; o acontecimento que o levou a repensar o seu Fausto, mesmo todo o problema do homem, foi o aparecimento de Napoleão. Há palavras de Goethe que condenam com uma dureza impaciente, própria de um estrangeiro, o que os alemães consideram como digno do seu orgulho: chega a definir o célebre "Gemüt"[55] alemão como "indulgência com fraquezas alheias e próprias". Não terá razão caracterizar os alemães o fato de, raras vezes, não se ter razão a respeito deles. A alma alemã tem galerias e corredores dentro de si, há nela cavernas, esconderijos, masmorras; a sua desordem tem muito do encanto do misterioso; o alemão conhece bem os caminhos furtivos para o caos. Tal como toda coisa ama o seu símbolo, o alemão ama as nuvens e tudo o que é indistinto, nascente, crepuscular, úmido e toldado: o incerto, o inacabado, o que se transforma, o que está em crescimento, tudo isso ele sente como "profundo". O próprio alemão não é, ele se torna, "desenvolve-se". O desenvolvimento é, por isso, o achado e a descoberta alemã por excelência, no grande reino de fórmulas filosóficas: um conceito dominante que, aliado à cerveja alemã e à música alemã, se esforça por alemanizar toda a Europa. Os estrangeiros ficam espantados e sentem-se atraídos pelos enigmas que lhes propõe a natureza contraditória da alma alemã (que Hegel sistematizou, e Wagner, por fim, ainda compôs em música). "Bondoso e malévolo" — tal coexistência, insensata em relação a qualquer outro povo, justifica-se, infelizmente, vezes demais na Alemanha: que se viva por um tempo entre os suábios[56]! O sábio alemão grave, a sua falta de gosto em sociedade, combina assustadoramente bem com uma acrobacia mental e com uma audácia ligeira da qual já todos os deuses aprenderam a ter medo. Se deseja a demonstração da "alma alemã" "*ad oculos*", olhe-se para dentro do gosto alemão, das artes e dos costumes alemães: que indiferença campestre contra o "gosto"! Como coexistem, lado a lado, o mais nobre e o mais vil! Quão desordenada e rica é toda essa economia doméstica da alma. O alemão arrasta o peso da sua alma: arrasta o peso de tudo que lhe acontece. Digere mal os seus acontecimentos, nunca conse-

54 O assassino de Kotzebue. (N. T .)

55 "Gênio."

56 Povo da região cultural, histórica e linguística do sudoeste da Alemanha. Atualmente, seu território é dividido entre Baviera e Baden-Württemberg.

gue "arrumá-los"; a profundidade alemã não passa frequentemente de uma digestão difícil e arrastada. E, tal como os doentes crônicos, todos os dispépticos têm uma tendência para o comodismo, o alemão gosta da "franqueza" e da "bondade": quão cômodo não é ser honesto e honrado! Talvez seja hoje o traje mais perigoso e mais feliz que o alemão sabe usar, esse ar familiar, afável, esse pôr as cartas à mesa da honestidade alemã: é a sua arte mefistofélica propriamente dita, com ela ainda "pode ir longe"! O alemão se deixa ir, olha com os seus olhos alemães leais, azuis, vazios, e imediatamente o estrangeiro o confunde com o seu roupão! Eu queria dizer: seja a "profundidade alemã" o que quiser e — entre nós, não podíamos rir dela? Faremos bem em honrar também a sua aparência, bom nome, e em não vendermos tão barato a nossa velha fama de povo "profundo", em troca do "aprumo" prussiano e da piada e areia berlinenses. É inteligente um povo se considerar, deixar-se considerar, profundo, desajeitado, bondoso, honesto, pouco esperto: poderia até ser que fosse profundo! Por fim: deve-se honrar o seu nome — não é em vão que nos chamam o "*tiusche Volk*", o "*Täusche-Volk*"[57].

245) Acabou-se o "bom tempo de outrora"; com Mozart soou o canto de cisne: felizes somos por ainda sentirmos o seu rococó, pela sua "boa sociedade", o seu entusiasmo terno, o seu prazer infantil no que é chinês e cheio de arabescos, a sua delicadeza de coração, o seu desejo do gracioso, do apaixonado, do dançante, do sentimental, a sua fé no Sul, ainda tocam qualquer resíduo dentro de nós! Ah, um dia isso se acabará; mas quem duvidará de que, mais cedo ainda, terá se acabado a compreensão e o gosto de Beethoven que não era senão o fim de uma transição e quebra de estilo — e não, como Mozart, o fim de um grande e secular gosto europeu. Beethoven é o acontecimento intermédio entre uma alma velha e muito madura, que constantemente se quebra, e uma alma futura, muito jovem, que está constantemente por vir; sobre a sua música jaz aquele contraste entre a eterna perda e a eterna esperança efusiva — a mesma luz em que se banhava a Europa quando sonhou com Rousseau, quando dançou em torno da árvore da liberdade da Revolução e, finalmente, quase caiu em adoração diante de Napoleão. Mas quão depressa empalidece, na atualidade, justamente esse sentimento, como é difícil o saber da existência desse sentimento, como soa estranha ao nosso ouvido a linguagem dos Rousseau, Schiller, Shelley, Byron, os quais conjuntamente exprimiram em palavras esse mesmo destino da Europa, que se revelou cantando em Beethoven! O que, de música alemã, veio depois, já pertence ao romantismo, isto é, a um movimento histórico mais curto, fugidio, superficial do que o foi aquele grande entreato, aquela transição da Europa de Rousseau para Napoleão e para a vinda da democracia. Weber: mas o que são para nós, hoje, o "Freischütz" e o "Oberon"! Ou o "Hans Heiling" e o "Vampyr" de Marschner! Ou mesmo o "Tannhäuser" de Wagner! Isso é música passada, embora

57 Trata-se de um jogo de palavras: "povo alemão", "povo que ilude". (N. T.)

ainda não esquecida. Toda essa música do Romantismo não era, além disso, distinta o suficiente, música o suficiente, para se impor também em outros lugares que não fossem o teatro e em frente da multidão; logo, era música de segunda categoria que pouco interesse tinha entre verdadeiros músicos. Outra coisa se passava com Félix Mendelssohn, esse mestre sereno que, por amor da sua alma mais leve, mais pura e mais feliz, foi rapidamente amado e depressa esquecido: foi o belo incidente da música alemã. No que diz respeito a Schumann, que tudo via sob um prisma grave e, desde logo, foi visto assim também — ele é o último que fundou uma escola: não consideramos hoje uma sorte, um alívio, uma libertação o fato de estar superado esse romantismo schumanniano? Schumann, refugiando-se na "Suíça saxônica" da sua alma, meio Werther, meio Jean Paul, nada tendo certamente de Beethoven, nem de Byron — a sua música do Manfredo é um engano e um contrassenso que ultrapassam os limites. Schumann, com o seu gosto que, no fundo, era um gosto pequeno (ou seja, uma propensão perigosa, entre os alemães duplamente perigosa, para o lirismo calmo e a embriaguez do sentimento), esquivando-se constantemente, escondendo e retirando-se timidamente, um nobre mimado que se deleitava em felicidade e dor anônimas; desde o princípio, uma espécie de menina e "*noli me tangere*":[58] esse Schumann já era apenas um acontecimento alemão na música, já não europeu como o tem sido Beethoven, como, mais extensamente, o tem sido Mozart — com ele, a música alemã era ameaçada pelo seu maior perigo, o de perder a voz para a alma da Europa e cair num mero patriotismo.

246) Para quem tiver o terceiro ouvido, que martírio são os livros escritos em alemão. Com que indignação se detém nesse pântano de sons sem sonoridade, de ritmos sem dança, que roda lentamente e a que, entre os alemães, se chama "livro"! E o alemão que lê livros! Como os lê com preguiça, contrariamente, como os lê mal! Quantos alemães sabem e exigem de si saberem que, em cada frase, há arte que quer ser adivinhada; se a frase desejar ser compreendida! Um mal-entendido sobre o seu "tempo", por exemplo — e a própria frase estará mal-entendida. Que não haja dúvidas quanto às sílabas decisivas para o ritmo, que se sinta como intencional e como encanto a quebra da simetria muito rigorosa, que se preste um ouvido apurado e paciente a cada "staccato", a cada "rubato", que se adivinhe o sentido na sequência das vogais e dos ditongos e quão terna e ricamente elas tomam cor e podem mudar de cor na sua sequência: quem, dentre os leitores alemães, tem boa vontade suficiente para reconhecer, dessa maneira, deveres e exigências e escutar tanta arte e intenção na linguagem? É que, no final, "não se tem ouvido para isso": e assim não se ouvem os mais intensos contrastes do estilo, e a mais sutil mestria de arte é dissipada como para surdos. Eram esses os meus pensamentos quando notei quão grosseira e inadvertidamente se confundiam, um com o outro, dois mestres da arte da prosa. Um,

58 "Não me toque."

a quem as palavras gotejam hesitantes e frias, como do teto de uma caverna úmida — ele usa a sua ressonância e o seu eco; outro, que maneja sua língua como uma espada flexível e que, do braço até os dedos dos pés, sente a alegria perigosa da lâmina trêmula e afiadíssima que deseja morder, sibilar, cortar...

247) A pouca afinidade que o estilo alemão tem com o som e com o ouvido comprova-se pelo fato de que justamente os nossos bons músicos escreveram mal. O alemão não lê em voz alta, não lê para o ouvido, mas apenas com os olhos; ao ler, põe os ouvidos na gaveta. O homem da Antiguidade, quando lia — raramente o fazia — lia para ele mesmo, em voz alta; ficavam admirados quando alguém lia em voz baixa e, em segredo, perguntavam quais as razões. Em voz alta, quer dizer: com todos os crescendos, as inflexões, as modificações do som e todas as mudanças de "tempo" com que o mundo público antigo se deleitava. Então, as leis do estilo da escrita eram as mesmas do estilo oratório; em parte, as leis deste dependiam do espantoso desenvolvimento, das refinadas necessidades do ouvido e da laringe, em parte, da intensidade, duração e poder dos pulmões antigos. Um período, no sentido dos antigos, é sobretudo um todo fisiológico, na medida em que se resume a uma só expiração. Períodos desses, que aparecem em Demóstenes, em Cícero, crescendo por duas vezes e decrescendo por duas vezes, tudo isso num só sopro: isso são deleites para os homens antigos que, devido à sua própria formação, sabiam apreciar a sua virtude, o raro e o difícil na sua recitação: nós, no fundo, não temos direito ao período grande, nós, modernos, nós, dispneicos em todos os sentidos! Esses antigos eram, todos eles, no discurso, apreciadores; por conseguinte, conhecedores, e então críticos; foi com isso que impeliram os seus oradores ao extremo; do mesmo modo, no século passado, quando todos os italianos e todas as italianas sabiam cantar, o virtuosismo do canto atingiu o auge (e com ele também a arte da melódica). Na Alemanha, no entanto (exceto nos últimos tempos, em que uma oratória de tribuna agita tímida e desajeitadamente as suas jovens asas), houve uma só espécie de discurso público e mais ou menos artístico: aquela feita do púlpito. Só o pregador sabia, na Alemanha, quanto pesa uma sílaba, uma palavra, em que sentido é que uma frase bate, salta, se precipita, corre, termina; só ele é que tinha consciência nos seus ouvidos, má consciência, muitas vezes: pois não faltam razões para o alemão raramente atingir a habilidade de discursar, e quase sempre tarde demais. A obra-prima da prosa alemã é, justamente, a obra-prima do seu maior pregador: a Bíblia foi, até agora, o melhor livro alemão. Comparado com a Bíblia de Lutero, quase todo resto é apenas "literatura", coisa que não cresceu nem cresce com raízes nos corações alemães, como o fez a Bíblia.

248) Há dois tipos de gênios: um que, primeiro, gera e quer gerar, e outro que prefere ser fecundado e parir. E, da mesma maneira, há entre os povos geniais aqueles a quem cabe o problema feminino da gravidez e a missão secreta de formar, amadurecer e aperfeiçoar. Os gregos, por exemplo, eram um povo desta espécie, assim como os

franceses; e outros que devem fecundar e ser a causa de novas ordens da vida, como os judeus, os romanos e, talvez, pergunta-se com toda modéstia, os alemães — povos atormentados e extasiados com febres desconhecidas e irresistivelmente impelidos para fora de si, apaixonados e ávidos de raças estranhas (aquelas que se "deixam fecundar") e, com tudo isso, ávidos de domínio, como tudo o que se sabe cheio de força geradora e, por conseguinte, eleito "por graça divina". Essas duas espécies de gênio se procuram; mas também se desentendem, como o homem e a mulher.

249) Cada povo tem a sua própria dissimulação e a chama de sua virtude. Ninguém conhece o que nele há de melhor, nem pode conhecer.

250) O que a Europa deve aos judeus? Muitas coisas, boas e más, e sobretudo uma, que é ao mesmo tempo das melhores e das piores: o grande estilo na moral, a terrível majestade de infinitas reivindicações, de infinitos significados, todo romantismo e todo caráter sublime das problemáticas morais e, por conseguinte, a parte mais atraente, mais cativante e mais seletiva daqueles jogos de cor e de seduções para viver, em cujo brilho arde, ainda hoje, no céu da nossa cultura europeia, o céu crepuscular e talvez, um dia, se apague. Nós, artistas, entre os espectadores e filósofos, temos, por isso, gratidão pelos judeus.

251) Temos que nos conformar quando, no espírito de um povo que sofre, que deseja sofrer do fervor nacional e da ambição política, passam variadas nuvens e perturbações, pequenos acessos estúpidos: por exemplo, nos alemães de hoje, ora a estupidez antifrancesa, ora a antijudaica ou a antipolaca, ora a estupidez romântica-cristã, a wagneriana, a teutônica, ou a prussiana (notem esses pobres historiadores, esses Sybel e Treitschken, as suas cabeças todas envoltas em ataduras), como quer que se chamem todos esses pequenos entristecimentos do espírito e da consciência alemães. Perdoem-me por, numa curta e arriscada estadia em terreno muito infectado, também eu ter me infectado pela doença e já começar, como todos, a meditar sobre coisas que não me dizem respeito: primeiro sinal da infecção política. Por exemplo, sobre os judeus: escutem. Ainda não encontrei um só alemão que goste dele. E, por mais categórica que seja a reputação do antissemitismo propriamente dito por parte de todos os cautelosos e políticos, tal cautela e tal política não se dirigem porventura contra o próprio tipo de sentimento, mas contra a sua perigosa excessividade, em especial contra a expressão insípida e vergonhosa deste sentimento desmedido; não nos iludamos a esse respeito. Que a Alemanha tem número suficiente de judeus, a ponto de o estômago e o sangue alemão terem dificuldade (e por muito tempo a terão) em digerir essa dose de "judeu", tal como o italiano, o francês, o inglês o conseguiram, graças a uma digestão mais ativa: é a nítida expressão e a linguagem de um instinto geral que se deve escutar, de acordo com o qual se deve agir. "Nem mais um judeu! Fechem-lhes as portas na fronteira do Leste (e na da Áustria)!": é isso que manda o instinto de um povo cuja índole é ainda fraca e

indefinida, de forma que facilmente poderia ser confrontada, extinta por uma raça mais forte. Mas os judeus são, sem dúvida, a raça mais forte, mais resistente, mais pura entre as que vivem atualmente na Europa; eles sabem se impor, mesmo nas piores condições (até melhor que em condições favoráveis), graças a quaisquer virtudes que hoje se pretenderia transformar em vícios, graças, sobretudo, a uma fé resoluta que não precisa se envergonhar das "ideias modernas"); eles se modificam, quando se modificam, tal como faz o Império Russo em suas conquistas — como um Império que tem tempo diante de si e não é de ontem; ou seja, seguindo o princípio de "tão devagar quanto possível". Em todos os projetos, um pensador, em cuja consciência pesa a responsabilidade do futuro, elegerá os judeus e os russos como os dois fatores, por enquanto, mais seguros e mais prováveis no grande jogo e conflito das forças. Aquilo que hoje, na Europa, se chama "nação" e que, no fundo, é mais "refeita" que "nascida" (e que, por vezes, se assemelha até se confundir com "*res ficta et picta*")[59] e é, em todo caso, algo em devir, de jovem, de modificável, ainda não é raça e muito menos aquele "*aere perennius*"[60] que é característico dos judeus: essas "nações" deviam ter muita cautela com toda concorrência e hostilidade precipitadas. É certo que os judeus, se quisessem ou se fossem obrigados a tal, como os antissemitas parecem desejar, poderiam ter, desde já, a preponderância e, literalmente, o domínio sobre a Europa; é igualmente certo que eles não trabalham nem fazem projetos nesse sentido. Por enquanto, pelo contrário, querem que a Europa os integre, absorva-os. Até com certa inconveniência, estão ávidos por se fixarem seja onde for e, uma vez fixados, admitidos, respeitados, desejam acabar com a vida nômade, com o "judeu errante". Devia-se atender bem a essa aspiração e ir ao seu encontro (pois ela talvez já indique o abrandamento dos instintos judaicos): para isso, talvez fosse útil e conveniente expulsar do país os vociferadores antissemitas. Ir ao encontro deles, com toda cautela, com critério seletivo; mais ou menos como o faz a aristocracia inglesa. É evidente que quem poderia lidar com eles sem maior risco seriam os tipos mais fortes e mais vinculados ao novo germanismo. Por exemplo, o oficial nobre da Mark: teria múltiplo interesse em ver se era possível acrescentar, criar, em complemento à arte hereditária de comandar e obedecer — tradicional e clássica na província que acabo de citar — o gênio do dinheiro e da paciência (e, sobretudo, um pouco de espiritualidade, de que bastante carece). Mas, nesse ponto, convém interromper a minha serena digressão sobre germanismo: pois já toco no que me é sério, o "problema europeu", conforme eu o entendo, na criação de uma nova raça que governe a Europa.

252) Esses ingleses não são uma raça filosófica: Bacon significa um ataque ao espírito filosófico em geral; Hobbes, Hume e Locke, um rebaixamento e uma desvalorização do conceito de "filósofo", por mais de um século. Contra Hume, levantou-

59 "Coisa imaginada e pintada."

60 "Ar perpétuo."

-se e elevou-se Kant; foi Locke de quem Schelling podia dizer: "*je méprise Locke*";[61] na luta contra a tendência mecanicista dos ingleses de estupidificar o mundo, estavam de acordo Hegel e Schopenhauer (com Goethe), esses dois gênios-irmãos hostis na filosofia, que se afastaram para os dois polos opostos do espírito alemão e se tratavam injustamente, como só irmãos o fazem. O que falta aos ingleses, e sempre lhes faltou, sabia-o muito bem aquele semiator retórico, o confuso e insonso Carlyle, que tentava esconder sob máscaras passionais o que sabia a respeito de si: ou seja, o que faltava em Carlyle — verdadeiro poder da espiritualidade, verdadeira profundidade do olhar espiritual, numa palavra: filosofia. É característico de tal raça sem filosofia que se prende rigorosamente ao cristianismo: precisa da sua disciplina para a "moralização" e humanização. O inglês, mais melancólico, mais sensual, mais forte de vontade e mais brutal que o alemão é, justamente por ser o mais vulgar entre os dois, também mais religioso do que o alemão: tem maior necessidade ainda do Cristianismo. Para as narinas mais sutis, mesmo este cristianismo inglês tem ainda um cheiro autenticamente inglês de "*spleen*"[62] e devassidão alcoólica contra os quais, com boas razões, é empregado como medicamento; ou seja, o veneno mais sutil contra o mais grosseiro: e, de fato, uma intoxicação mais sutil já é, em povos toscos, um progresso, um degrau para a espiritualização. O caráter tosco e a seriedade rústica ingleses são mais suportavelmente mascarados, ou antes interpretados e reinterpretados pelos gestos da linguagem cristã e pelas rezas e cantos de salmos; e, para aquele rebanho de bêbedos e devassos, que outrora aprendia a grunhir moralmente sob o poder do metodismo, e, atualmente, o aprende como um "Exército da Salvação", um espasmo de penitência será, na verdade, o máximo que, no "humanismo", se consegue atingir: é justo conceder-lhe isso. Mas o que ofende, mesmo no inglês mais humanista, é a sua falta de música, falando em linguagem parabólica (ou não): nos movimentos da sua alma e do seu corpo, ele não tem compasso, nem dança, nem sequer o desejo de compasso, de dança, de "música". Ouçam-no falar; vejam como andam mais belas as inglesas — não há, em nenhum país da Terra, mais belos pombos e cisnes — finalmente: ouçam-no cantar! Mas eu exijo demais...

253) Há verdades que são mais bem reconhecidas por cabeças medíocres por lhes serem mais adequadas; há verdades que têm encantos e forças sedutoras apenas para espíritos medíocres: essa afirmação, talvez desagradável, é imposta desde que o espírito de ingleses respeitáveis, mas medíocres — Darwin, John Stuart Mill e Herbert Spencer — começa a preponderar na região média do gosto europeu. De fato, quem duvidaria da utilidade de, por certo tempo, reinarem tais espíritos? Seria incorreto os espíritos de alta estirpe reinarem, que voam à parte por serem especialmente hábeis em averiguar, colecionar e esquematizar muitos pequenos fatos vulgares: pelo contrá-

61 "Eu desprezo Locke."

62 "Fastio."

rio, eles, como exceções, não estão em posição favorável em relação às "regras". Afinal de contas, têm mais a fazer que apenas se dedicarem ao conhecer; isto é, serem algo de novo, significarem algo de novo, representarem novos valores. O abismo entre saber e poder é talvez maior, mesmo mais medonho, do que se pensa: o que pode em grande estilo, o criador, terá que ser, possivelmente, um ignorante — ao passo que, para descobertas científicas à maneira de Darwin, uma certa estreiteza, frieza e cuidado aplicado, algo de inglês, não será ruim. Não esqueçamos, por fim, que os ingleses já causaram uma vez, com a sua profunda mediocridade, depressão global do espírito europeu: aquilo que é chamado "as ideias modernas" ou "as ideias do século XVIII", ou também "as ideias francesas" — aquilo, pois, contra o que o espírito alemão se rebelou com profundo nojo era de origem inglesa, não duvide disso. Os franceses apenas foram os macacos imitadores e atores dessas ideias, também seus melhores soldados e, infelizmente, suas primeiras e mais radicais vítimas: pois que, com a anglomania condenável das "ideias modernas", a "*âme française*"[63] diluiu-se e emagreceu tanto que, hoje, nos recordamos quase com incredulidade dos séculos XVI e XVII, de sua profunda força passional, da sua distinção engenhosa. Mas é necessário segurar, com ambas as mãos, essa afirmação de justiça histórica e defendê-la com unhas e dentes contra o momento e as aparências: a "*noblesse*" europeia do sentimento, do gosto, dos costumes; enfim, tomada a palavra em todo sentido elevado, é obra e invenção da França; a vulgaridade europeia, o plebeísmo das ideias modernas, da Inglaterra.

254) A França ainda é a sede da cultura mais espiritual e refinada da Europa e a alta escola do bom gosto: mas é preciso saber encontrar essa "França do bom gosto". Quem pertence a ela mantém-se bem escondido: pode ser pequeno o número daqueles em que ela ainda se encontre viva, ainda por cima pode ser constituído de pessoas que não se mantenham sobre pernas muito fortes, em parte fatalistas, melancólicas, doentes, em parte, paparicadas e artificializadas, as que tenham, enfim, a ambição de se esconder. Uma coisa é comum a todas elas: fecham os ouvidos diante da tola estupidez e da eloquência barulhenta do burguês democrático. De fato, hoje, surge uma França estupidificada e grosseira — recentemente, no enterro de Victor Hugo, exibiu uma verdadeira orgia de mau gosto e, ao mesmo tempo, de autoadmiração. E há outra coisa ainda que lhes é comum: uma boa vontade de se defenderem da alemanização espiritual e uma ainda melhor incapacidade de o fazer. Talvez Schopenhauer esteja agora mais em sua casa e mais aclimatado nessa França do espírito, que é também uma França do pessimismo, do que jamais o esteve na Alemanha; para não falar de Heinrich Heine, que já há muito entrou na carne e no sangue dos líricos mais sutis e mais exigentes de Paris, ou de Hegel, que, atualmente, exerce uma influência quase tirânica na figura de Taine, isto é, do primeiro historiador vivo. Mas, no que diz respeito a Richard Wagner: quanto mais a música francesa aprende a se formar segundo

63 "Alma francesa."

as reais necessidades da "*âme moderne*",[64] mais ela se wagnerizará, é o que se poderá predizer e já acontece bastante! No entanto, há três coisas que, ainda hoje, os franceses podem apresentar com orgulho como sua herança e propriedade e como característica ainda existente de uma velha superioridade cultural sobre a Europa, apesar de toda a voluntária ou involuntária nacionalização e vulgarização do gosto. Primeira: a capacidade de ter paixões artísticas, entregues à "forma", para a qual se inventou, além de mil outras, a expressão "*l'art pour l'art*":[65] coisas dessas não faltam na França há três séculos e tornaram possível, graças ao respeito pelo "pequeno número", uma espécie de música de câmara da literatura que em vão se procurará no resto da Europa. Segunda: os franceses podem fundamentar uma superioridade sobre a Europa na sua velha e múltipla cultura moralista, que faz que se encontre, mesmo nos pequenos "*ronmanciers*"[66] dos jornais e "*boulevardiers*"[67] casuais de Paris, uma irritabilidade e curiosidade psicológicas, da qual, por exemplo, a Alemanha não tem a habilidade. Para tal, faltam aos alemães alguns séculos de trabalho moralista do qual, como já disse, a França não se poupou; quem, por essa razão, chamar os alemães de "ingênuos", transforma uma insuficiência em elogio (como oposto da inexperiência e inocência alemãs em "*voluptate psychologica*",[68] parente bastante próximo do enfado característico do convívio entre alemães; como expressão mais feliz de uma curiosidade e um engenho genuinamente franceses, nesse mundo de tremores delicados, podemos considerar Henri Beyle, aquele curioso antecipador e precursor que percorreu, com velocidade napoleônica, a sua Europa, vários séculos da alma europeia, como explorador e descobridor desta alma: de qualquer modo, eram necessárias duas gerações para o alcançar, para adivinhar, *a posteriori*, alguns dos enigmas que o atormentavam e encantavam, esse estranho epicurista e homem-ponto-de-interrogação, o último grande psicólogo da França). Terceira reivindicação de superioridade: na índole dos franceses está presente uma menos mal adquirida síntese do Norte e do Sul, que os faz compreender muitas coisas e lhes manda fazer outras que um inglês nunca compreenderá; o seu temperamento, periodicamente virado para e desviado do Sul, no qual, de tempos em tempos, transborda o sangue provençal e ligúrico, preserva-os da terrível monotonia do cinzento nórdico e dos conceitos fantasmas e da anemia sem sol; a nossa doença alemã do gosto, contra cujo excesso, atualmente, se receitaram sangue e ferro, ou seja, a "grande política" (seguindo uma medicina perigosa que me ensina a esperar e esperar, mas, até agora, não me ensinou a ter esperanças). Há ainda, na França atual, uma pré-compreensão e um ir ao encontro daqueles homens mais raros e ocasionalmente satisfeitos, que são muito complexos para se contentarem com um patriotismo qual-

64 "Alma moderna."

65 "A arte pela arte."

66 "Romancistas."

67 "Adeptos do bulevar."

68 "Prazer psicológico."

quer e que sabem amar, no Norte, o Sul; no Sul, o Norte — os homens natos dos países centrais, os "bons europeus". Foi para eles que Bizet fez música, esse último gênio que viu uma nova beleza e uma nova sedução que descobriu um bocado do sul da música.

255) É preciso ter muita cautela em relação à música alemã. Supondo que alguém goste do Sul como eu gosto, como uma grande escola de convalescença, tanto no campo mais espiritual quanto no físico, como uma indomável plenitude de sol que se estende sobre uma existência autônoma e confiante em si, transfigurando-a: ora, tal pessoa aprenderá a ter cuidado com a música alemã, porque, ao prejudicar de novo o gosto, também prejudica a saúde. Tal homem meridional, não de origem, mas pela fé, caso sonhe com o futuro da música, também sonhará com a sua libertação do Norte e terá em seus ouvidos o prelúdio de uma música mais profunda e poderosa, talvez mais maldosa e misteriosa, uma música superalemã que não se esvai, amarelece ou empalidece à vista do voluptuoso mar azul e da claridade mediterrânica do céu, como sucede com toda a música alemã; música supereuropeia que ainda se aguenta diante dos ocasos castanhos do sol do deserto, cuja alma é parente das palmeiras e se sente à vontade e sabe mover-se por entre grandes, belos e solitários animais ferozes. Eu poderia imaginar uma música cujo encanto mais raro consistisse em já não saber nem do Bem, nem do Mal, só que talvez, uma vez por outra, deslizasse sobre ela qualquer nostalgia de navegante ou quaisquer sombras douradas e delicadas fraquezas: uma arte que visse se refugiarem junto dela, vindas de longe, as cores de um mundo moral moribundo e que quase já não se compreende; música que fosse hospitaleira e profunda o suficiente para acolher esses refugiados tardios.

256) Graças ao alienamento doentio que a loucura do nacionalismo provocou — e ainda provoca — entre os povos da Europa, graças igualmente aos políticos de vistas curtas e mãos rápidas que hoje estão por cima devido ao seu auxílio e nem imaginam até que ponto a política dissolvente que seguem só pode ser, necessariamente, política de teatro, graças a tudo isso e a muitas coisas que, ainda hoje, não se podem dizer, não se veem ou se interpretam de modo arbitrário e mentiroso os sintomas mais inequívocos que indicam que a Europa deseja se unir. Nos homens mais profundos e complexos deste século, a verdadeira tendência global no trabalho misterioso das suas almas foi a de prepararem o caminho para essa nova síntese e anteciparem, experimentalmente, o europeu do futuro: eles pertenciam às "pátrias" apenas superficialmente ou em horas de fraqueza, por exemplo, na velhice, apenas descansavam de si mesmos ao se tornarem "patriotas". Penso em homens como Napoleão, Goethe, Beethoven, Stendhal, Heinrich Heine, Schopenhauer; não me leve a mal se também junto Richard Wagner, sobre quem não devemos nos enganar por causa dos seus próprios mal-entendidos — gênios do seu tipo raramente têm o direito de compreenderem a si mesmos. Tampouco nos enganemos pelo barulho malcriado com o qual se resiste agora, na França, a Richard Wagner: apesar disso, não deixa de ser fato o Romantismo tardio francês dos anos 40 e Richard Wagner estarem muito ligados. São compatíveis,

basicamente, em todos os altos e baixos de suas necessidades: é a Europa, a Europa una, cuja alma anseia por elevar-se por meio da sua arte múltipla e impetuosa até onde? Em direção a uma nova luz, a um novo Sol? Mas quem poderia expressar com precisão o que todos esses mestres de novos meios linguísticos não souberam expressar claramente? É certo que eles foram atormentados pelo mesmo tumulto e ímpeto, e que todos pesquisaram da mesma maneira, eles, os últimos grandes pesquisadores! Todos eles dominados pela literatura até os olhos e ouvidos — os primeiros artistas de cultura literária universal —, na sua maioria eles próprios literatos, poetas, intermediários e misturando várias artes e sentidos (Wagner, como músico, pertence aos pintores; como poeta, aos músicos; como artista em geral, aos atores); todos eles fanáticos da expressão "a todo custo" — destaco Delacroix, o parente mais próximo de Wagner —, todos eles grandes descobridores no reino do sublime e também no do feio e do horroroso, descobridores ainda maiores no campo dos efeitos, na representação, na decoração; todos eles talentos, ultrapassando de longe o seu mentor; cem por cento virtuosos, com acesso secreto a tudo que seduz, obriga, atrai, derruba; inimigos natos da lógica e das linhas retas, cobiçosos do que é estranho, exótico, monstruoso, curvo, contraditório; como pessoas, tântalos da vontade, plebeus que conseguiram subir e que, na vida e na criação, se sabiam incapazes de um ritmo nobre, de uma lentidão. Pense, por exemplo, em Balzac: trabalhadores desenfreados, quase autodestruídos pelo trabalho; antinomistas e revoltosos nos costumes, ambiciosos e insaciáveis, sem equilíbrio e sem prazer; todos, por fim, quebrando-se na cruz cristã (e isso com toda razão: pois quem deles teria sido profundo o suficiente e original para uma filosofia do Anticristo?), ao todo, um tipo de homem superior, atrevido, arrojado, magnificamente violento, voando nas alturas e arrastando os outros consigo e que primeiro tinha que ensinar o conceito de "homem superior" ao seu século, o século da multidão! Que os amigos alemães de Richard Wagner meditem sobre se, na arte wagneriana, há algo de simplesmente alemão ou se ela não é, justamente, caracterizada pelo fato de provir de fontes e impulsos superalemães: não subestimando o fato de que, para o desenvolvimento do seu tipo, foi indispensável Paris, porque, no período mais decisivo, para lá o chamou a profundeza dos seus instintos, e de que toda natureza da sua atitude, do seu autoapostolado, só se pôde realizar diante do modelo dos socialistas franceses. Talvez, numa comparação mais sutil, se descubra a favor da índole alemã de Richard Wagner que ele foi, em tudo, mais forte, mais destemido, mais duro e mais elevado que poderia ter sido um francês do século XIX, graças à circunstância de nós, alemães, estarmos ainda mais perto da barbárie que os franceses; pode até ser que a criação mais notável de Richard Wagner seja para sempre, e não só agora, inacessível, impossível de ser sentida e imitada por toda raça latina, tão tardia: a figura de Siegfried, esse homem muito livre, que, de fato, talvez seja, e de longe, muito livre, muito duro, muito à vontade e saudável, muito anticatólico para o gosto de velhos e caducos povos cultos. Pode até ter sido um pecado contra o Romantismo, esse Siegfried antirromântico: ora, Wagner pagou exageradamente esse pecado, nos seus dias tristes de velho, quando, antecipando o gosto que, entretanto, se tornou política com a veemência religiosa que lhe é particular, começou, se não a seguir, pelo menos a apregoar o caminho para Roma. Para que não sejam mal compreendidas minhas últimas palavras, quero recorrer a alguns versos fortes que denunciarão, também a ouvidos menos apurados, o que quero, o que tenho contra o "último Wagner" e a sua música do Parsifal:

Isso ainda será alemão?
Veio de coração alemão essa guincharia sórdida.
Será de corpo alemão essa autodescarnação,
Será alemão esse abrir as mãos sacerdotal,
Essa excitação dos sentidos com perfumes horríveis?

E será alemão esse hesitar, precipitar, cambalear,
Esse indefinido bim-bam-bumlear?
Esse deitar-olhinhos de freira, esse badalar dos sinos das vésperas,
Todo esse falso estar extasiado em céus e sobrecéus?
Isso ainda será alemão?
Refleti! Ainda estais à porta:
Pois o que ouvem é Roma — a fé de Roma sem palavras!

CAPÍTULO 9

O QUE É NOBRE?

257) Toda elevação do tipo "humano" feita até agora foi obra da sociedade aristocrática e sempre será assim: como uma sociedade que acredita numa longa escala de hierarquias e diferenças de valor de homem para homem, e que precisa da escravidão em qualquer sentido. Sem o "*pathos*" da distância, resultante das diferenças enraizadas das classes, do olhar perscrutador e altivo da casta dominante sobre seus súditos e instrumentos, e da sua prática, não menos constante, em obedecer e mandar, em oprimir e distanciar, não poderia surgir também aquele outro "*pathos*" ainda mais misterioso, aquele desejo de um aumento sempre renovado da distância dentro da própria alma, o desenvolvimento de estados cada vez mais elevados, mais raros, mais profundos, mais vastos e mais complexos, enfim, a elevação do tipo "homem", a contínua "autossuperação do homem", para empregar uma fórmula moral num sentido supermoral. Porém, não devemos nos entregar a ilusões humanitárias sobre a gênese de uma sociedade aristocrática (ou seja, da condição prévia daquela elevação do tipo "humano"): a verdade é dura. Digamos, sem dó, como começou, na Terra, toda cultura superior! Homens de uma natureza ainda natural, bárbaros em todos os sentidos horríveis dessa palavra, homens-feras, ainda de posse de inabaláveis forças de vontade e desejos de poder, lançaram-se sobre raças mais fracas, mais

civilizadas, mais pacíficas, talvez de comerciantes ou de criadores de gado, ou sobre velhas culturas caducas, nas quais as últimas forças vitais se mostravam em resplandecentes artifícios de espírito e de corrupção. A casta nobre era, de início, sempre a casta bárbara: a sua preponderância não residia, primariamente, na força física, mas na psíquica: eram os homens mais completos (o que, em qualquer grau, também significa o mesmo que "feras mais completas").

258) A corrupção, como expressão de uma ameaça de anarquia nos instintos e pela qual está abalado o fundamento dos afetos a que se chama "vida": a corrupção varia basicamente conforme a forma de vida em que se manifesta. Quando, por exemplo, uma aristocracia como a da França, no início da Revolução, joga fora os privilégios, com um nojo sublime, e se sacrifica aos excessos do seu sentimento moral, isto é, corrupção: foi, no fundo, apenas o ato final daqueles séculos de corrupção permanente, graças à qual ela tinha cedido, passo a passo, os seus direitos senhoriais e se reduzido à função de realeza (por fim até somente a um falso aparato, a uma pompa exterior). O essencial de uma aristocracia boa e sã, porém, é ela não se sentir como função (seja de realeza, seja da comunidade), mas como o seu sentido e suprema justificativa, é ela aceitar, por isso, e com a consciência tranquila, o sacrifício de inúmeros homens que, por amor a ela, têm que ser oprimidos e reduzidos a homens incompletos, a escravos, a instrumentos. A sua crença básica deve, justamente, ser a de que a sociedade não devia existir por amor da sociedade, mas apenas como alicerces e andaimes sobre os quais um tipo de seres de elite consiga se erguer até a sua missão superior e, também, a uma existência superior, em geral; comparável àquelas plantas trepadeiras, ávidas do sol, que em Java chamam "cipó matador, que envolvem com os seus braços um carvalho, durante tanto tempo e tantas vezes, até que, por fim, muito acima dele, mas nele apoiadas, possam alargar a sua copa em plena luz, patentear a sua felicidade".

259) Abster-se reciprocamente de ofensas, violência, exploração, adaptar a sua vontade à de outro: tal coisa pode, num sentido grosseiro, tornar-se bom costume entre indivíduos, se existirem condições para isso (ou melhor, a semelhança em quantidades de força e escalas de valores e o fato de pertencerem a um só organismo). Porém, logo que se quisesse alargar esse princípio, concebendo-o até como princípio fundamental da sociedade, ele imediatamente se revelaria como aquilo que é: vontade de negação da vida, princípio de dissolução e de decadência. Aqui, precisamos pensar bem e nos defender de toda fraqueza sentimentalista: A própria vida é essencialmente apropriação, ofensa, sujeição daquilo que é estranho e mais fraco, opressão, dureza, imposição de formas próprias, incorporação e, pelo menos, na melhor das hipóteses, exploração. Mas para que empregar palavras que, há muito tempo, pretendiam difamar? Também aquele organismo dentro do qual, conforme acima se admitiu, os indivíduos se tratam como iguais, como acontece em toda aristocracia sã, deve fazer — no caso de ser um organismo vivo, e não moribundo, contra outros organismos — tudo o

que os indivíduos dentro dele se abstêm de fazer entre si: ser a vontade de poder personificada, querer crescer, expandir-se, atrair a si, obter preponderância, não por qualquer moralidade ou imoralidade, mas porque vive e porque vida é vontade de poder. Em ponto algum, porém, a consciência vulgar dos europeus é mais resistente ao esclarecimento do que neste: por toda parte, até sob disfarces científicos, entusiasmam-se por estados futuros da sociedade aos quais faltará o "caráter explorador" — aos meus ouvidos, isso soa como se alguém prometesse inventar uma vida destituída de todas as funções orgânicas. A "exploração" não faz parte de uma sociedade corrupta ou imperfeita e primitiva: pertence à essência do que é vivo como função orgânica básica; é uma consequência da verdadeira vontade de poder, que é justamente a vontade da vida. Admito que, como teoria, isso seja novidade — como realidade, é o fato primordial de toda a história: sejamos honestos!

260) Em incursão pelas muitas morais mais sutis e mais grosseiras que até agora reinaram ou ainda reinam na Terra, encontrei características que regularmente voltam e que estão relacionadas: até que foram revelados finalmente dois tipos fundamentais, e uma diferença fundamental se evidenciou. Há moral de senhores e moral de escravos — acrescento imediatamente que, em todas as culturas superiores e mistas, aparecem tentativas de conciliação das duas morais, mas, frequentemente, também aparecem a sua mistura e recíproca incompreensão, por vezes sua dura coexistência até no mesmo indivíduo, dentro de uma só alma. As diferenciações valorativas morais originaram-se dentro de uma raça dominadora que, com agrado, tomou consciência de que diferia dos dominados, ou entre os dominados, os escravos e os dependentes de todos os graus. No primeiro caso, quando os dominadores determinam o conceito de "bom", são os estados de alma elevados e altivos o que distingue e determina a ordem hierárquica. O homem nobre separa de si os seres nos quais se manifesta o contrário desses estados de alma elevados e altivos: despreza-os. Note-se, desde já, que, nessa primeira espécie de moral, a oposição "bem" e "mal" significa o mesmo que "nobre" e "desprezível" — a oposição "bom" e "mau" é de outra origem. Despreza o covarde, o medroso, o mesquinho, o que pensa na estreita utilidade; despreza também o desconfiado, com o seu olhar acanhado, o que se rebaixa, o homem-cachorro que se deixa maltratar, o mendigo-lisonjeador e, sobretudo, o mentiroso: é uma crença básica de todos os aristocratas o fato de o povo vulgar ser mentiroso. "Nós, verdadeiros" — assim se designaram os nobres na Grécia Antiga. É óbvio que, por toda parte, as valorações morais foram aplicadas primeiro a homens e só depois a ações; os historiadores da moral cometem um grave erro quanto tomam como ponto de partida perguntas como "por que elogiou a ação misericordiosa?". O tipo nobre de homem sente a si mesmo como determinador de valores, não necessita que o aprovem; opina: "o que é prejudicial para mim é prejudicial em si"; sabe que é só ele quem confere honra às coisas, quem é criador de valores. Honra tudo que conhece em si: tal moral é autoglorificação. Em primeiro lugar está a sensação de plenitude, de poder, que deseja transbordar, a felicidade de uma forte

tensão, a consciência de uma riqueza que gostava de dar e de partilhar: também o homem nobre ajuda o infeliz, mas não, ou quase, por compaixão, e mais por um impulso gerado pelo excesso de poder. O homem nobre honra, em si, o poderoso, também o que tem poder sobre si mesmo, que sabe falar e se calar, que com prazer é rigoroso e duro consigo mesmo e tem respeito por tudo que seja duro e rigoroso. "Wotan me colocou um coração duro no peito", diz uma velha lenda escandinava; saiu, justificadamente, da alma de um altivo viking. Tal tipo de homem orgulha-se de não ser feito para a compaixão: razão pela qual o herói da lenda acrescenta, em ar de aviso: "Quem, quando jovem, já não tiver um coração duro, nunca o terá". Homens nobres e valentes que pensam assim são os mais afastados daquela moral que vê, na própria essência, justamente a compaixão ou o cuidar dos outros ou o "*désintéressement*"; a fé em si, o orgulho próprio, uma inimizade básica e ironia diante à "abnegação" fazem tão decididamente parte da moral nobre, como o ligeiro menosprezo e cautela ante as solidariedades e o "bom coração". São os poderosos quem sabem honrar; é essa a sua arte, é esse o domínio em que são inventivos. O profundo respeito pela velhice e pela tradição — todo direito se baseia nesse duplo respeito —, a fé e o preconceito a favor dos antepassados e contra os que virão são típicos da moral dos poderosos; e se, inversamente, os homens das "ideias modernas" acreditam quase instintivamente no "progresso" e no "futuro" e lhes falta, cada vez mais, o respeito pela velhice — já com isso se denuncia a origem não nobre dessas "ideias". Mas o que, para o gosto atual, é mais estranho e penoso na moral dos dominadores é o rigor do seu princípio, segundo o qual existem deveres apenas entre os seus iguais, de que se possa agir em relação aos seres de categoria inferior, em relação a todo estranho, a seu bel-prazer ou "como o coração quiser" e, em todo caso, "além do bem e do mal": aqui talvez caiba a compaixão e coisas semelhantes. A capacidade e o dever de gratidão e vingança duradoras — ambas apenas entre iguais —, a sutileza na retaliação, o refinamento conceitual na amizade, uma certa necessidade de ter inimigos (como canais de escoamento dos sentimentos de inveja, agressividade, petulância, para, afinal, poder ser bom amigo): tudo isso são características da moral nobre que, como dissemos, não é a moral das "ideias modernas" e, por isso, hoje, é difícil de sentir, também difícil de desenterrar e de descobrir. Outra é a moral dos escravos. Supondo que moralizem os violados, os oprimidos, os sofredores, os não livres, os incertos de si mesmos e cansados: o que haveria de comum nas suas apreciações morais? Efetivamente, surgiria uma desconfiança pessimista frente a toda a situação do homem, talvez uma condenação dele e da sua situação. O olhar do escravo é desfavorável às virtudes do poderoso: tem ceticismo e sutil desconfiança contra tudo o que aquele honra como "bom", gostaria de se convencer de que a própria felicidade, aí, não é autêntica. Inversamente, salientam-se e inundam-se de luz as qualidades facilitadoras da vida dos que sofrem: aqui se prestam honras à compaixão, à mão gentil e auxiliadora, ao bom coração, à paciência, à aplicação, à humildade, à afabilidade; pois são aqui as propriedades mais úteis e quase os únicos meios para se suportar a pressão da existência. A moral dos escravos é, essencialmente, moral-utilidade.

Aqui está a gênese da célebre oposição "bom" e "maldoso": no "maldoso" sente-se o poder e a ameaça, certa intimação, sutileza e força que o desprezo não deixa surgir. Segundo a moral dos escravos, portanto, o "homem mau" provoca medo; segundo a moral senhorial é justamente o "homem bom" quem provoca e quer provocar medo, ao passo que o "homem mau" é desprezível. Conforme a lógica da moral dos escravos, a oposição atinge o ápice quando, por fim, um vestígio de desprezo também vincula-se aos "bons" dessa moral, às vezes tênue e benévolo — porque o "bom", na maneira escrava de pensar, tem, em todo caso, de ser o homem inofensivo: é bondoso, fácil de enganar, um pouco estúpido talvez "*un bon-homme*"[69]. Por toda parte onde prepondera a moral de escravo, a linguagem tende a aproximar as palavras "bom" e "estúpido". Uma última diferença básica: o desejo de liberdade, o instinto de felicidade e as sutilezas do sentimento de liberdade pertencem tão necessariamente à moral dos escravos e à sua moralidade como a arte e o entusiasmo na veneração e na dedicação são o sintoma regular de um modo de pensar e de avaliar aristocrático. Daí se compreende, sem mais dificuldades, por que o amor (amor-paixão é a nossa especialidade europeia) precisa ser necessariamente de origem nobre: como se sabe, ele foi inventado pelos poetas-cavaleiros provençais, esses esplêndidos homens inventivos do "Gaia Ciência", aos quais a Europa deve tanto, e quase a si mesma.

261) Ao homem nobre, a vaidade custa a compreender: será tentado a negá-la, ainda, em casos em que outro tipo de homem a julgue poder agarrar com as mãos. O problema, para ele, consiste em imaginar seres que procuram criar nos outros, a seu respeito, uma boa opinião que eles não têm de si mesmos, portanto, também não "merecem", e na qual, apesar disso, eles próprios posteriormente creem. Isso lhe parece, em parte, tão falho de bom gosto e de respeito de si mesmo, em parte tão barroco e irracional, que gostaria de considerar a vaidade exceção, duvidando dela na maioria dos casos em que dela se fala. Dirá, por exemplo: "Posso me enganar sobre o meu valor e, no entanto, exigir que o meu valor seja reconhecido por outros tal como eu o concebo; porém isso não é vaidade (mas presunção, nos casos mais frequentes, ou que se chama "humildade", ou "modéstia")". Ou dirá: "Posso me alegrar com a boa opinião de outros por muitas razões; talvez porque os honre e ame e me alegre com cada alegria, talvez porque a sua boa opinião subscreva e reforce a crença na minha própria boa opinião, talvez porque a boa opinião de outros, mesmo nos casos em que eu não a partilhe, me seja útil ou proveitosa, mas tudo isso não é vaidade". O homem nobre se esforça em compreender, com o auxílio da história, que, desde tempos imemoráveis, em todas as camadas populares e de qualquer modo dependentes, o homem vulgar apenas era o que os outros julgavam ser: nada habituado a estabelecer valores, também não atribuía a si outro, senão aquele que os seus senhores lhe atribuíam (era verdadeiro direito de senhor a criação de valores).

69 "Um bom homem."

Pode ser consequência de um imenso atavismo o fato de o homem vulgar também esperar uma opinião a seu respeito, então instintivamente submetendo-se a ela: de forma alguma apenas a uma "boa" opinião, mas também a uma má e injusta (pense-se, por exemplo, na maior parte do autoapreço e do desapreço que as mulheres crentes aprendem dos seus confessores, e o cristão, em geral, aprende na sua Igreja). De fato, agora, com o lento surgimento da ordem democrática das coisas (e da sua causa, a mistura sanguínea de senhores e escravos), o impulso, originalmente nobre e raro, de atribuir a si mesmo um valor e "pensar bem" de si será encorajado e espalhado cada vez mais: mas essa tendência tem sempre contra si outra tendência mais antiga, mais larga e mais profundamente enraizada; e, no fenômeno da "vaidade", essa tendência mais antiga domina a mais recente. O vaidoso se alegra com toda boa opinião que ouve a seu respeito (independentemente de todos os pontos de vista da sua utilidade e de ser ou não verdadeira), tal como sofre com toda má opinião: pois submete-se a ambas, sente-se sujeito a elas, por aquele instinto velhíssimo de submissão que nele irrompe. É o "escravo" no sangue do vaidoso, resíduo da astúcia do escravo — e quanto de "escravo" existe, ainda hoje, como resíduo, na mulher! — que seduz para conseguir boas opiniões a seu respeito; em todo caso, é o escravo que logo a seguir se prostra ante essas opiniões, como se não as tivesse provocado. E, digo mais uma vez: a vaidade é um atavismo.

262) Uma espécie nasce, um tipo torna-se forte e firme, sob a longa luta com condições essencialmente constantes e desfavoráveis. Inversamente, sabe-se pelas experiências dos criadores zootécnicos que espécies superalimentadas e, de modo geral, muito protegidas e cuidadas logo tendem para a criação de tipos marcados, abundam em prodígios e monstruosidades (também em vícios monstruosos). Considere uma comunidade aristocrática, como uma antiga "polis" grega, ou Veneza, como instituição voluntária ou involuntária, para fins de criação: ali estão reunidos homens dependentes uns dos outros, que querem impor a sua espécie, em geral porque precisam se impor ou correm o terrível risco de serem aniquilados. Falta aqui aquela vantagem, superabundância, proteção favorável à variação; a espécie necessita de si como espécie, como algo que consegue impor-se e tornar-se duradouro, justamente graças à sua dureza, homogeneidade, simplicidade da forma, em luta constante com os vizinhos ou com os oprimidos rebeldes ou que ameaçam rebelar-se. A mais variada experiência lhes ensina a que qualidades, principalmente, ela deve o fato de ainda existir e — a apesar de deuses e homens — vencer sempre: a essas qualidades ela chama virtudes; apenas essas virtudes ela cultiva. Faz com dureza, quer mesmo a dureza; toda moral aristocrática é intolerante, na educação da juventude, na maneira de dispor das mulheres, nos costumes matrimoniais, na relação entre velhos e novos, nas penalidades (só destinadas aos degenerados): considera virtude a própria intolerância, chamando-lhe "justiça". Um tipo com poucas características, mas fortes, composto de homens severos, guerreiros, inteligentemente lacônicos e reservados (e, como tais, dotados de uma sensibilidade sutilíssima para os encantos e as "nuances"

da sociedade) é estabelecido, desse modo, para além da sucessão das gerações; a luta incessante com condições desfavoráveis sempre constantes é, como já disse, a causa de determinado tipo a se tornar duro e firme. Mas, enfim, surge uma situação favorável, e a imensa tensão afrouxa; já não há, talvez, inimigos entre vizinhos, e existem em abundância os meios de vida, mesmo para apreciar a vida. De repente, quebram-se os laços, e a imposição da velha disciplina já não é sentida como necessária, como condição da vida — se quisesse continuar, só poderia fazê-lo como luxo, como gosto arcaizante. A variação, seja como desvio (para o mais alto, mais sutil, mais raro), seja como degeneração e monstruosidade, surge de repente na maior plenitude e esplendor, ousando o indivíduo a isolar-se e destacar-se. Nesses pontos de virada da História, mostra-se, coexistindo e entrelaçado, um magnífico e múltiplo crescer e trepar como plantas na selva, uma espécie de velocidade tropical na competição do crescimento, um imenso morrer e aniquilar, graças aos egoísmos que, explodindo, por assim dizer, se voltam selvagemente uns contra os outros, lutam entre si "por sol e luz" e já não sabem extrair da moral então existente limite, restrição, consideração. Foi essa mesma moral que acumulou as forças até o monstruoso, que esticou o arco tão ameaçadoramente: agora ela está "ultrapassada". Atingiu-se o ponto perigoso e sinistro em que a vida maior, mais variada e mais complexa vive para além da velha moral; ali está o "indivíduo", obrigado a uma legislação própria, a artes e artimanhas próprias de autoconservação, autoelevação, autossalvação. Só há "para quês" novos, "com quês" novos, já não há fórmulas comuns, os mal-entendidos e o desprezo estão aliados, a decadência, a corrupção e os desejos supremos estão terrivelmente interligados, o gênio da raça brota exuberantemente de todas as cornucópias do bem e do mal, uma simultaneidade fatal de primavera e outono, cheia de novos encantos e véus, característicos da jovem corrupção ainda não esgotada, ainda não cansada. De novo a ameaça está presente, mãe da moral, a grande ameaça, desta vez localizada no indivíduo, no próximo e no amigo, na rua, no próprio filho, no próprio coração, no que há de mais pessoal e secreto em desejo e vontade: o que pregarão agora os filósofos da moral que surgem nessa altura? Eles, esses observadores agudos, que estão às esquinas das ruas, descobrem que se aproxima rapidamente o fim, que tudo à volta deles estraga e se estraga, que nada ficará até depois de amanhã, exceto uma espécie de homens, os incuravelmente medíocres. Só aos medíocres é possível a perpetuidade, a procriação — eles são os homens do futuro, os únicos sobreviventes. "Sejam como eles! Tornem-se medíocres!", é essa a única moral que ainda faz sentido, que ainda encontra quem a ouça. Mas é difícil de se pregar, essa moral da mediocridade — pois ela pode confessar o que é e o que quer. Precisa falar de gentileza, dignidade, dever e amor ao próximo — ela terá dificuldade em esconder a ironia!

263) Há um instinto do grau hierárquico que, sobretudo, já é o sinal de um alto grau hierárquico; há um prazer nas "nuances" da veneração que denuncia origem e hábitos nobres! A sutileza, a qualidade e a elevação de uma alma são perigosamente postas à prova quando por elas passa algo que pertença a um elevado grau, mas que

o receio da autoridade ainda não protege de aproximações e grosserias importunas: algo que, despercebido, ainda por descobrir, tentador, talvez arbitrariamente velado e disfarçado, segue seu caminho como uma pedra de toque viva. Aquele cuja tarefa e exercício é explorar almas se servirá, em variadas formas, justamente dessa arte para explorar o verdadeiro valor de uma alma, a hierarquia inata e invariável a que pertence: vai pôr à prova quanto ao seu instinto de veneração. "*Différence engendre haine*":[70] a vulgaridade de certas naturezas esguicha, de repente, como água suja, quando passa ao pé dela qualquer vaso sagrado, qualquer preciosidade tirada de um cofre fechado, qualquer livro com os sinais do grande destino; por outro lado, há um emudecer involuntário, um hesitar do olhar, uma suspensão de todos os gestos que anunciam que uma alma sente a proximidade do venerável. A maneira como se mantém, até agora e grosso modo, na Europa, o respeito pela Bíblia, talvez seja o melhor pedaço de disciplina e refinamento dos costumes que ela deve ao cristianismo: tais livros de profundo e extremo significado precisam, para sua proteção, de uma tirania de autoridade exterior, para conseguirem aqueles milênios de duração precisos para os esgotar e analisar por completo. Muito se conseguiu quando, por fim, se incutiu à grande massa (os superficiais e os que tudo digerem) a noção de que não se pode tocar em tudo; de que há vivências sagradas ante as quais é preciso descalçar os sapatos e manter afastadas as mãos sujas — é esse quase o seu máximo grau de humanidade. Inversamente, nada causa tanto nojo nos chamados cultos, nos que acreditam nas "ideias modernas", como a sua falta de pudor, o seu cômodo atrevimento dos olhos e das mãos com que tocam, lambem e apalpam tudo; e é possível que hoje se encontre no povo, no povo baixo, sobretudo entre os camponeses, mais nobreza relativa de gosto e sentimento do respeito do que nesse "*demi-monde*"[71] do espírito que lê jornais, nos cultos.

264) Não se pode apagar da alma de um homem o que seus antepassados fizeram com mais prazer e mais persistência: se eram, por exemplo, pessoas econômicas e acessórios de uma escrivaninha, ou de um cofre, modestos e burgueses nos seus desejos, modestos também nas suas virtudes; ou se viviam habituados a dar ordens, simpáticos às diversões rudes e talvez aos deveres e às responsabilidades ainda mais rudes; ou se, afinal, sacrificaram uma vez velhos privilégios de nascimento e de posses para viverem completamente para a sua fé, o seu "Deus", como homens de uma consciência implacável e delicada, tímida a qualquer tentativa de mediação. Sequer é possível que um homem não tenha as características e predileções dos seus pais e antepassados: por mais que a aparência diga o contrário. É este o problema da raça. Uma vez que se conhece algo dos pais, é permitida uma conclusão sobre o filho: qualquer intemperança repugnante, qualquer inveja mesquinha, uma mania deselegante de querer sempre ter razão — as três coisas juntas constituíram, desde sempre, o tipo plebeu propriamente dito —, tal

70 "Diferença gera ódio."

71 "Submundo."

coisa deve passar para o filho, tão seguramente como o sangue ruim; e, mesmo com a melhor educação e formação, não conseguirá mais que iludir, no que diz respeito a tal herança. E que outro objetivo a educação e a formação têm hoje? Na nossa era tão popular, quero dizer, plebeia, "educação" e "formação" devem ser essencialmente arte de iludir quanto à origem, quanto à plebe herdada no corpo e na alma. Um educador que hoje pregasse sobretudo o amor à verdade e gritasse constantemente aos seus discípulos "Sejam verdadeiros! Sejam naturais! Revelem-se como são!" — mesmo um tal tapado, virtuoso e ingênuo —, após algum tempo, aprenderia a se apropriar daquela "força" de Horácio, a fim de "*naturam expellere*"[72] com que êxito? "Plebe" "*usque recurret*"...[73]

265) Com o risco de desagradar ouvidos inocentes, afirmo: o egoísmo pertence à natureza da alma nobre, ou seja, àquela fé inabalável segundo a qual, a um ser como "nós somos", outros seres têm, por natureza, de sujeitar-se e sacrificar-se. A alma nobre aceita esse fato do seu egoísmo, sem qualquer ponto de interrogação, mesmo sem a sensação de dureza, obrigação, arbitrariedade; antes, como algo que possa estar fundamentado na lei primordial das coisas: se procurasse um nome para tal, diria que "é a própria justiça". Em circunstâncias que, inicialmente, a fazem hesitar, admite que há pessoas com os mesmos direitos que ela; logo que se esclarecer essa questão de hierarquia, ela se move, entre esses iguais e com direitos iguais, com a mesma segurança no pudor e no respeito delicado que tem no convívio consigo mesma, de acordo com uma mecânica celestial inata que todas as estrelas entendem. É mais uma parcela do seu egoísmo, essa delicadeza e autorrestrição no convívio com os seus iguais, cada estrela é um desses egoístas: honra a si mesma neles e nos direitos que a eles cede; não duvida de que a troca de honra e direitos, como essência de todo convívio, faz igualmente parte do estado natural das coisas. A alma nobre dá, assim como tira, pelo instinto passional e sensível de retribuição que jaz no fundo dela. O conceito de "graça" não tem correlações, sentido nem aroma; pode haver uma maneira sublime de deixar cair sobre si os presentes vindos de cima e de bebê-los avidamente, como gotas: mas a alma nobre não tem jeito para essa arte e gesto. O seu egoísmo a impede: não gosta de olhar "para cima", mas à sua frente, horizontal e lentamente, ou para baixo: ela se encontra no alto.

266) "Só é efetivamente respeitável quem não procura a si mesmo", diz Goethe ao conselheiro Schlosser.

267) Há um provérbio entre os chineses que as mães logo ensinam aos filhos: *siao-sin*, "torna pequeno o seu coração". É esta a tendência básica em civilizações tardias:

72 "Expulsar a natureza."

73 "Volta sempre."

não duvido de que um grego descobrisse também em nós, europeus de hoje, em primeiro lugar, a autodiminuição — bastava isso, para estarmos "contra o seu gosto".

268) O que é, afinal, a vulgaridade? Palavras são sinais sonoros para conceitos; conceitos, porém, são sinais plásticos mais ou menos bem-definidos para sensações, grupos de sensações que se repetem e se juntam frequentemente. Para nos entendermos, não basta empregar as mesmas palavras; deve-se usar a mesma palavra também com o mesmo gênero de vivências íntimas; deve-se, enfim, ter em comum sua experiência. É por isso que as pessoas de uma mesma cultura se entendem melhor do que as de culturas diferentes, mesmo que estes se sirvam da mesma língua; ou antes, quando pessoas vivem juntas durante muito tempo em condições semelhantes (de clima, de solo, perigo, necessidades, trabalho), nasce daí algo que "se entende", um povo. Em todas as almas, um número igual de vivências frequentemente repetidas acabou por predominar sobre vivências mais raras: é com base nelas que a gente se entende, rápida, cada vez mais rapidamente. A história da linguagem é a história de um processo de abreviação; é com base nesse rápido entendimento que a gente se alia estreita e cada vez mais estreitamente. Quanto maior for o perigo, maior será a necessidade de se entrar em acordo quanto ao que é preciso fazer: não ter mal-entendidos no perigo é o que os homens não podem dispensar, de modo algum, para o convívio. Prova-se isso em qualquer amizade ou amor: nada disso tem duração se descobrir que um dos dois, com as mesmas palavras, sente, pensa, fareja, deseja, receia coisa diferente do outro. (O receio do "eterno mal-entendido": é esse o gênio bondoso que preserva tantas vezes pessoas de sexos diferentes de contrair ligações precipitadas, aconselhadas pelos sentidos e pelo coração, e não qualquer "gênio do gênero" schopenhaueriano...) Quais os grupos de sensações que, no interior da alma, acordam mais rapidamente, tomam a palavra, dão a ordem; isso é o que decide de toda hierarquia dos seus valores, que determina, por fim, o seu quadro de valores. As valorações de um homem denunciam algo da estrutura da sua alma e daquilo em que ela vê suas condições vitais, suas aflições propriamente ditas. Supondo que, desde sempre, a aflição aproximou apenas aquelas pessoas que, com símbolos semelhantes, puderam indicar necessidades e vivências semelhantes, resulta no conjunto que, entre todos os poderes que até agora dispuseram do homem, o mais poderoso deveria ser a fácil comunicabilidade da aflição; isto é, no fundo, o viver de vivências apenas medíocres e vulgares. As pessoas mais semelhantes, mais vulgares estavam e estão sempre em vantagem; os mais seletos, mais delicados, mais estranhos, mais difíceis de compreender facilmente ficam sós, sucumbem, no seu isolamento, aos acidentes, e raramente se reproduzem. Deve-se invocar imensas forças contrárias para impedir esse muito natural "*progressus in simile*"[74], a transformação do homem no semelhante, no comum, no médio, no espírito de rebanho, no vulgar!

74 "Progresso no semelhante."

269) Quanto mais um psicólogo — nato intérprete de almas, predestinado — se volta para os casos e homens mais extraordinários, mais correrá o perigo de sufocar de compaixão: ele precisa de dureza e de serenidade, mais que qualquer outro homem. É que a corrupção — o aniquilamento dos homens superiores, das almas de índole mais estranha — é a regra: é terrível encarar sempre essa regra. O múltiplo martírio do psicólogo que descobriu esse aniquilamento, que descobre primeiro uma vez e depois quase continuadamente, por meio de toda história, esta "irremediabilidade" íntima do homem superior, esse eterno "muito tarde", em todo sentido, pode, talvez um dia, vir a ser a causa para que ele se rebele com amargura contra o seu próprio destino e faça uma tentativa de autodestruição, de que ele mesmo "se deteriore". Ter, em todos os psicólogos, uma traiçoeira inclinação e prazer pelo convívio com pessoas vulgares e regradas: nisso se evidencia que ele precisa sempre se curar, que precisa de uma espécie de fuga, de esquecimento, afastando-se daquilo que lhe colocaram na consciência as suas observações e análises, o seu "ofício". É peculiar o medo da sua memória. Diante do juízo de outros, facilmente emudece: escuta com rosto imóvel como se venera, admira, ama, transfigura ali, na sua observação, ou esconde o seu silêncio, concordando expressamente com qualquer opinião superficial. Talvez o que há de paradoxal na sua situação atinja o horrível, de modo que, onde ele aprendeu a grande compaixão junto ao grande desprezo, a multidão, os cultos, os entusiastas aprendem, por sua vez, a grande veneração: a veneração dos "grandes homens" e dos prodígios, por meio dos quais se abençoa e se honra a pátria, a Terra, a dignidade da humanidade, a si mesmo; eles são recomendados à juventude, educando-a para os imitar... E sabe-se lá se, até agora, nos casos importantes não ocorreu exatamente o mesmo: que a multidão adorasse a um deus — e que o "deus" não passasse de um pobre animal de sacrifício! O êxito foi sempre o maior mentiroso, e a própria "obra" é um êxito: o grande estadista, o conquistador, o descobridor estão disfarçados em suas criações até o irreconhecível; a "obra", a do artista, do filósofo, só ela inventa quem a criou, aquele que dizem que a criou; os "grandes homens", tal como são venerados, são pequenas poetizações posteriores de má qualidade; no mundo dos valores históricos reina a moeda falsa. Esses grandes poetas, por exemplo, Byron, Musset, Poe, Leopardi, Kleist, Gogol (não ouso citar nomes maiores, mas penso neles), tal como são e talvez tenham que ser: homens do momento, entusiastas, sensuais, infantis, levianos e impulsivos na desconfiança e na confiança; com almas nas quais, em geral, querem esconder uma falha, muitas vezes vingando-se, nas suas obras, de uma nódoa íntima, muitas vezes procurando, com os seus voos para o alto, iludir uma memória muito fiel, muitas vezes perdidos na lama e quase apaixonados por ela, até se igualarem com fogos-fátuos à volta dos pântanos, disfarçando-se de estrelas. O povo, então, chama-lhes idealistas: muitas vezes lutando com um longo tédio, com um espectro de descrença que constantemente os persegue, que os torna frios e os obriga a ansiar por glória e a comer a "fé em si" das mãos de lisonjeadores ébrios: que martírio constituem esses grandes artistas e os homens superiores em geral para aquele que os compreendeu uma vez! Compreende-se bem

que eles, com tanta facilidade, sejam objeto, justamente, da parte da mulher vidente no mundo do sofrimento e infelizmente muito além das suas forças, ávida por ajudar e salvar — daquelas erupções de compaixão ilimitada e dedicadíssima que a multidão, sobretudo a que venera, não compreende e acumula de interpretações curiosas e complacentes. Essa compaixão geralmente é ludibriada a respeito da sua força; a mulher gosta de acreditar que o amor consegue tudo; é essa a sua verdadeira superstição. Ah, o conhecedor do coração adivinha quão pobre, desamparado, arrogante, enganado, mais facilmente destruidor que salvador é mesmo o melhor e mais profundo amor! É possível que, na sagrada fábula e disfarce da vida de Jesus, esteja oculto um dos casos mais dolorosos do martírio do saber o que é o amor: o martírio do coração mais inocente e mais ávido que não se contenta com amor humano, que exige amar, sem ser amado e nada além, com dureza, com loucura, com explosões terríveis de fúria contra os que lhe recusam o amor; a história de um pobre insaciado e insaciável de amor, que teve que inventar o inferno para mandar para lá os que não queriam amá-lo e que, por fim, ciente do amor humano, teve que inventar um deus que é todo ele amor, todo poder, que se compadece do amor humano por este ser tão mísero, tão ignorante! Quem sentir assim, quem souber desse modo o que é o amor, procura a morte. Mas por que meditar sobre coisas tão dolorosas? Supondo que não haja necessidade disso...

270) A altivez e a repulsa espirituais de todo homem que tenha sofrido profundamente — e há talvez uma hierarquia do quão profundamente os homens sabem sofrer —, sua aterrorizada certeza, da qual ele está todo embebido e tingido de, graças ao seu sofrimento, saber mais do que podem saber os mais inteligentes e sábios, de conhecer bem por, uma vez, lá ter se sentido como "em casa", muitos mundos distantes e terríveis dos quais "vocês nada sabem"; essa muda altivez espiritual de quem sofre, esse orgulho do eleito pelo conhecimento, do "iniciado", do quase sacrificado, acha necessárias todas as formas de disfarce, para se proteger do contato com mãos importunas e compassivas e, de modo geral, de tudo que não seja seu igual na dor. O sofrimento profundo torna nobre; separa. Uma das formas de disfarce mais sutis é o epicurismo e uma certa ousadia de bom gosto, ostentada daí em diante, que não leva a sério o sofrimento e opõe resistência a tudo que seja triste e profundo. Há "homens serenos" que se servem da serenidade porque, por meio dela, são mal compreendidos — eles querem ser mal compreendidos. Há "homens científicos" que se servem da ciência por lhes dar uma aparência serena e porque o espírito científico permite concluir que o homem é superficial: eles querem induzir a uma conclusão falsa. Há espíritos livres e atrevidos que gostariam de ocultar e negar que são corações despedaçados, orgulhosos e incuráveis (o cinismo de Hamlet, o caso Galiani); e, por vezes, a própria tolice é a máscara de um saber fatal e demasiadamente seguro. Disso resulta que faz parte da humanidade mais sutil respeitar "a máscara" e não praticar psicologia e curiosidade no lugar errado.

271) O que separa mais profundamente duas pessoas é um sentido e grau diferentes de asseio. Para que serve toda honestidade e utilidade mútua, para que serve toda boa vontade de uns com os outros — por fim, não passa disto: eles não suportam o cheiro um do outro! O supremo instinto da perfeição coloca quem estiver na solidão mais estranha e perigosa como um santo; pois isso justamente é santidade, a suprema espiritualização desse instinto. Qualquer saber comum de uma indescritível felicidade no banho, qualquer cio e sede, que impele a alma constantemente da noite para a manhã, da turva tristeza para o claro, brilhante, profundo, sutil: do mesmo modo que tal tendência distingue — pois é uma tendência nobre —, também separa. A compaixão do santo é a compaixão com a sujidade do humano, demasiadamente humano. E há graus e alturas em que a própria compaixão por ele é sentida como impureza, como sujidade...

272) Sinal de nobreza: nunca pensar em rebaixar os próprios deveres para todos; nunca querer ceder, partilhar a própria responsabilidade; incluir nos seus deveres seus privilégios e o exercício deles.

273) Um homem que aspira a coisas grandes considera todo aquele que encontra em seu caminho como meio, como retardamento e impedimento, ou como um leito de repouso passageiro. Sua bondade para com os outros, que o caracteriza e que é superior, só é possível quando ele atingir o seu máximo e dominar. A impaciência, a sua consciência de, até aqui, estar sempre condenado à comédia, pois mesmo a guerra é uma comédia e encobre, como qualquer meio encobre o fim, estraga todo convívio: essa espécie de homem conhece a solidão e o que ela tem de mais venenoso.

274) O problema dos que esperam. São precisos casos de sorte e coisas incalculáveis para que um homem superior, no qual reside a solução de um problema, chegue ainda a tempo de agir — a "irromper", como poderia dizer. Em geral, isso não acontece, e em todos os recantos da Terra há os que esperam, que mal sabem em que sentido esperam, mas menos ainda sabem que esperam em vão. Por vezes, também, chega tarde demais o toque de alvorada, aquele acaso que dá "licença" para o agir; acontece quando a melhor juventude e força de agir estão gastas pelo estar sentado; e quantos não descobriram, com susto, ao levantarem-se "sobressaltados", que tinham os membros já dormentes e o espírito pesado demais! "É tarde demais", disse, descrente de si mesmo e, agora, inútil para sempre. Será que, no reino do gênio, o "Rafael sem mãos", entendida a palavra no sentido mais amplo, talvez não seja exceção, mas regra? O gênio talvez não seja tão raro: mas são necessárias quinhentas mãos para tiranizar o *καιρός*, o "tempo oportuno", para agarrar o acaso pelos cabelos!

275) Quem não quer ver o que há de elevado num homem olha com maior agudeza para aquilo que nele é baixo e superficial — e assim revela a si mesmo.

276) Em todo tipo de ferimento e de prejuízo, a alma mais baixa e mais grosseira tem vantagem sobre a alma mais nobre: os perigos desta última devem ser maiores, e

a probabilidade de acontecer um desastre e perecer é imensa, diante da pluralidade das condições da sua vida. Num lagarto, um dedo cortado volta a crescer: o mesmo não acontece com o homem.

277) É horrível! Sempre a velha história! Quando alguém acaba de construir sua casa, nota que, sem se dar conta, aprendeu algo que simplesmente deveria saber antes de começar a construir. O eterno e aborrecido "tarde demais". A melancolia de tudo que está pronto!

278) Andarilho, quem é você? Vejo-o seguir o seu caminho, sem escárnio, sem amor, com olhos indecifráveis, úmidos e tristes, como uma sonda que, insaciada, volta de todas as profundidades novamente à luz. O que será que procurou lá embaixo? Com um peito que não suspira, com lábios que escondem seu nojo, com uma mão que só lentamente agarra: quem é você? O que fez? Descansa aqui: este lugar é hospitaleiro para toda gente; recupere-se! E, seja quem for, o que agrada a você agora? O que serve para descansar? Diz, que ofereço tudo o que eu tiver! "Para descanso? Para descanso? Ó curioso, o que me diz! Mas me dê, peço..." O quê, o quê, diz. — "Mais uma máscara! Uma segunda máscara!"

279) Os homens de profunda tristeza indicam quando são felizes: têm um modo de pegar na felicidade, como se quisessem esmagá-la e sufocá-la, por ciúme; ah, sabem bem demais que lhes foge!

280) "Mau! Mau! Como? Ele não está recuando?" Sim! Mas vocês percebem mal, caso se queixem disso. Ele recua, como faz todo aquele que deseja dar um grande salto.

281) "Acreditarão em mim? Mas eu exijo que acreditem: só pensei mal de mim, sobre mim, apenas em casos raros, forçadamente, sempre sem ter prazer no 'assunto', pronto a me desviar de 'mim', sem fé no resultado, graças a uma desconfiança invencível quanto à possibilidade do autoconhecimento, que me levou ao ponto de sentir uma '*contradictio in adjecto*'[75] mesmo no conceito de 'conhecimento imediato' que os teóricos se permitem: todo esse fato é quase a coisa mais segura que sei a meu respeito. Deve haver, em mim, uma espécie de aversão em acreditar em algo determinado a meu respeito. Haverá nisso um enigma? Isso é verossímil; mas felizmente não é enigma para os meus dentes. Talvez denuncie a espécie a qual pertenço? Mas não a mim — que é, afinal, o que desejo."

282) "Mas o que é que aconteceu com você?" — "Não sei", disse hesitante; "talvez as harpias tenham voado sobre a minha mesa". Acontece hoje, de vez em quando, de um homem pacato, comedido, reservado, tornar-se de repente furioso, quebrar

75 "Termos em contradição."

os pratos, virar a mesa, gritar, berrar, ofender todo mundo e, por fim, afastar-se envergonhado, furioso consigo mesmo. Para onde? Para quê? Para morrer de fome? Para se sufocar nas suas recordações? Quem tiver os apetites de uma alma elevada e requintada, e só raramente encontrar sua mesa posta e comida pronta, correrá, em qualquer altura, grande perigo: mas, hoje, é extraordinário. Lançado numa época barulhenta e plebeia, com a qual não quer comer do mesmo prato, facilmente pode perecer de fome e sede ou, por fim, apesar de tudo, "se servir", morrer de um nojo súbito. Nós todos, é certo, já comemos em mesas onde não tínhamos lugar; e justamente os mais espirituais entre nós, os mais difíceis de alimentar, conhecem aquela perigosa "dispepsia", resultado de repentinamente nos apercebermos e ficarmos desiludidos com a comida e com a companhia à mesa — o nojo do "pós-mesa".

283) Uma vez que se deseje elogiar, é sinal de delicado autodomínio e ao mesmo tempo nobreza fazê-lo quando não se está de acordo: ao contrário, seria um elogio a si mesmo, o que é contra o bom gosto. O autodomínio, é claro, dá bom motivo e ocasião para ser constantemente mal compreendido. Para ser possível se permitir esse verdadeiro luxo de bom gosto e moralidade, não se deve viver entre os espíritos grosseiros, mas entre homens a quem os mal-entendidos e os erros ainda divertem pela sua sutileza — ou terá que pagar caro! "Ele me elogia; portanto, me dá razão": esse silogismo bobo estraga metade da vida, a nós, ermitões, pois traz os burros à nossa vizinhança e amizade.

284) Viver com imensa e orgulhosa calma; além de, arbitrariamente, ter e não ter seus afetos, seu pró e contra, pousar neles por algumas horas; montá-los como em cavalos, frequentemente como em burros: deve-se saber aproveitar sua estupidez tal como sua fogosidade. Conservar suas trezentas fachadas; também os óculos escuros, pois há casos em que ninguém nos deve olhar nos olhos, menos ainda ver nossas "razões". E escolher, para companhia, aquele vício malandro e sereno: a delicadeza. E se assenhorar das suas quatro virtudes: a coragem, a perspicácia, a compaixão, a solidão. Pois a solidão é, entre nós, uma virtude, como tendência e ímpeto sublimes do asseio que percebe, no contato entre homens "na sociedade", como tudo é, inevitavelmente, sujo. Toda comunidade — de qualquer modo, em qualquer parte, em qualquer altura — "torna vulgar".

285) Os maiores acontecimentos e os maiores pensamentos (e os maiores pensamentos são os maiores acontecimentos) são os que mais tarde se compreendem: as gerações que lhes são contemporâneas não vivem esses acontecimentos; passam por eles. Algo análogo acontece no domínio dos astros. A luz das estrelas mais distantes chega mais tarde aos homens; antes da sua chegada, os homens negam que lá existam estrelas. "Quantos séculos precisa um espírito para ser compreendido?" — aí está também uma medida, um meio de criar uma hierarquia e uma etiqueta necessárias: para o espírito e para a estrela.

286) "Aqui a vista é livre; o espírito, elevado." Mas há uma espécie contrária de homens que também se encontram nas alturas, que também têm a vista livre, porém olham para baixo.

287) O que é nobre? Que significa para nós, ainda hoje, a palavra "nobre"? Onde se revela, em que se reconhece — sob esse céu embaçado e cinzento do reino da plebe que desponta, pelo qual tudo se torna opaco e pesado — o homem nobre? Não são os atos que o afirmam: os atos são sempre ambíguos, insondáveis; não são as "obras". Atualmente, entre os artistas e os eruditos, encontram-se muitos que revelam, por suas obras, um desejo ardente que os impele ao que é nobre: mas justamente essa tendência ao nobre é diferente das necessidades da própria alma nobre; é mesmo um sintoma eloquente e perigoso da sua falta de nobreza. Não são as obras, é a fé que aqui decide, que fixa a hierarquia, para retomar uma velha fórmula religiosa num sentido novo e mais profundo: qualquer certeza fundamental que uma alma nobre tem sobre si, algo que não se deixa procurar nem encontrar e que talvez não se deixe perder. A alma distinta tem o respeito de si própria.

288) Há homens que têm espírito de um modo inevitável, podem virar-se e voltar-se como quiserem e tapar, com as mãos, os olhos reveladores (como se a mão também não fosse reveladora!): no fim das contas, nota-se que sempre escondem alguma coisa; isto é, o espírito. Um dos meios mais sutis para enganar, pelo menos tanto tempo quanto possível, e, com êxito, fingir-se mais estúpido do que se é — o que na vida comum é muitas vezes tão desejável como um guarda-chuva — chama-se entusiasmo: incluindo os acessórios, como a virtude. Pois, como disse Galiani: "*vertu est enthousiasme*".[76]

289) Nos escritos de um eremita, nota-se sempre algo do eco do deserto, algo do sussurrar e do tímido olhar da solidão; das suas palavras mais fortes, mesmo do seu grito, ressoa ainda uma espécie nova e mais perigosa de silêncio, de mutismo. Quem esteve sentado durante anos, dia e noite, só com a sua alma em discussões e diálogos íntimos; quem na sua caverna, seja ela um labirinto ou uma mina de ouro, tornou-se um urso ou um pesquisador ou guardião, um dragão: as suas ideias acabam por adquirir um tom de meia-luz, um odor de profundidade e de decomposição, algo de incomunicável e de repugnante que lança um bafo frio aos que passam. O eremita não acredita que um filósofo — supondo que o filósofo seja antes eremita — já tenha expressado nos livros suas opiniões verdadeiras e definitivas: não se escrevem livros justamente para se ocultar o que se acalenta? Ele duvidará até mesmo de que um filósofo possa ter opiniões "definitivas e verdadeiras"; ele se perguntará se atrás de uma caverna não há, necessariamente, uma caverna mais profunda, um mundo mais vasto, estranho, rico por cima de uma superfície, um abismo sob cada fundamento, sob cada

76 "Virtude é entusiasmo."

"fundamentação". Toda filosofia é uma filosofia de fachada — essa é uma opinião de eremita; "há algo de arbitrário no fato de ele ter parado aqui, de ter olhado para trás e à sua volta, de não ter cavado aqui mais fundo e de ter posto a pá de lado; há também nisso alguma desconfiança". Toda filosofia esconde também uma filosofia; toda opinião é também um esconderijo, toda palavra é também uma máscara.

290) Todo pensador profundo receia mais ser compreendido que mal compreendido. No último caso, talvez sofra a sua vaidade; mas no primeiro é o seu coração, a sua simpatia pelos outros que diz sempre: "Ah, por que vocês querem que as coisas sejam tão difíceis como é comigo?".

291) O homem, animal multiplamente mentiroso, artificial e impenetrável, inquietante para os outros animais, menos pela força que pela teimosia e esperteza, inventou a boa consciência para apreciar, ao menos uma vez, a sua alma como uma coisa simples; e toda moral é uma longa e audaciosa falsificação, graças à qual se torna possível usufruir o espetáculo da alma. Consideradas sob esse aspecto, há talvez mais coisas no conceito de "arte".

292) Um filósofo é um homem que experimenta, vê, ouve, suspeita, espera e constantemente sonha coisas extraordinárias; atingido pelos próprios pensamentos como se eles viessem de fora, de cima e de baixo, como por uma espécie de acontecimento e de faíscas de que só ele pode ser alvo; talvez ele próprio seja uma trovoada cheia de novos relâmpagos; um homem fatal, em torno do qual sempre ressoa, rola, rebenta e se passam coisas inquietantes. Um filósofo: ah, um ser que foge muitas vezes para longe de si mesmo, muitas vezes tem medo de si mesmo, mas que é demasiado curioso para não "voltar sempre a si".

293) Um homem que diz: "Isso me agrada, guardo-o para mim, quero protegê-lo e defendê-lo contra todos"; um homem que pode conduzir uma causa, resolver um impasse, manter-se fiel a um pensamento, reter uma mulher, punir e aniquilar um insolente; um homem que tem sua ira e sua espada, a quem recorrem, de bom grado, os seres fracos, sofredores e aflitos, e mesmo os animais; em suma, um homem que nasceu senhor: se tal homem sente compaixão, então essa compaixão terá valor! Mas o que importa a compaixão dos que sofrem! Ou daqueles que pregam a compaixão! Há hoje, por toda a Europa, uma sensibilidade e uma irritabilidade doentias pela dor, e uma intemperança desagradável no lamento, uma feminização, que deseja se enfeitar com religião e joias filosóficas para dar a si mais relevo: há um verdadeiro culto do sofrimento. A falta de virilidade imediatamente me salta aos olhos — isso a que, em tais círculos fanáticos, chama-se "compaixão". Deve-se banir, rigorosa e radicalmente, essa nova espécie de mau gosto; e desejo, enfim, que se coloque sobre o coração, no pescoço, o amuleto protetor do "*gai savoir*", da ciência alegre, para deixar bem claro.

294) O vício olímpico. A despeito daquele filósofo que, como bom inglês, procurou criar em todos os cérebros pensantes má reputação ao riso — "O riso é uma chaga da natureza humana que todo cérebro pensante se esforçará em superar" (Hobbes) —, eu me permitiria estabelecer uma classificação dos filósofos, segundo a categoria do seu riso, pondo à frente aqueles capazes do riso dourado. E, presumindo que os deuses também filosofam, como muitas conclusões já me fizeram crer, não duvido que conheçam uma maneira de rir sobre-humana e nova — às custas de tudo o que é sério! Os deuses se divertem: parece que até nas cerimônias sagradas não podem deixar de rir.

295) O gênio do coração, tal como o possui esse grande dissimulado, esse deus-tentador e caçador das consciências, cuja voz sabe descer até o mundo subterrâneo de todas as almas, que não pronuncia nem uma palavra, não lança um olhar em que não haja uma intenção de sedução, de cuja mestria faz parte o saber parecer: não aquilo que é, mas o que, para os que o seguem, é mais uma obrigação de se aproximarem mais dele e de o seguirem mais íntima e radicalmente; o gênio do coração, que obriga a calar-se e a escutar ou que é ruidoso e vaidoso, que alisa as almas rugosas e lhes dá o sabor de um novo desejo — o de ficar tranquilo como um espelho, a fim de que o céu profundo se reflita nelas —; o gênio do coração, que ensina a mão desajeitada e precipitada a hesitar e a agarrar com mais delicadeza; que revela o tesouro escondido e esquecido, a gota de bondade e de doce espiritualidade sob a camada de gelo turvo e espesso, que é uma varinha mágica para cada pepita de ouro soterrada há muito no montinho de lodo e areia; o gênio do coração, graças ao contato do qual cada um sai mais rico, não abençoado e surpreendido, não agraciado e esmagado por bens estranhos, mas mais rico em si, mais novo que antes, aberto, beneficiado e interrogado no seu íntimo por um vento de degelo, talvez mais inseguro, mais terno, mais frágil, mais quebrado, mas pleno de esperanças ainda sem nome, pleno de vontade e de novos fluxos, pleno de má vontade e novos refluxos; mas que faço eu, meus amigos? De quem falo? Esqueci a ponto de sequer ter dito seu nome? A menos que já não tenham adivinhado por vocês mesmos que espírito e que deus estranho é esse que quer assim ser louvado. Pois, como acontece a todos aqueles que, desde a infância, andaram sempre por caminhos estranhos, também cruzaram meus caminhos espíritos estranhos e perigosos, especial e constantemente aquele de que há pouco falava, o deus Dioniso, esse grande equívoco e deus-tentador a quem, como sabem, ofereci outrora, em segredo e com respeito, as minhas primícias (me parece que fui o último a lhe oferecer um sacrifício: pois não encontrei ninguém que percebesse o que eu então estava fazendo). Entretanto, aprendi ainda mais, muito, sobre a filosofia desse deus de boca em boca, como já disse; eu, o último discípulo e o último iniciado do deus Dioniso: e não acham, meus amigos, que já é tempo de provar, até onde me for permitido, um pouco dessa filosofia? Em voz baixa, como é devido: pois são muitas coisas secretas, novas, estranhas, desconhecidas, inquietantes. Já o fato de Dioniso ser um filósofo, e de os deuses também filosofarem, parece-me uma novidade que não deixa de ser perigosa,

que talvez possa suscitar desconfiança, sobretudo entre filósofos; entre vocês, meus amigos, encontra menos oposição, a não ser que chegue tarde demais e num momento inoportuno: pois, como foi revelado, não acreditem vocês de bom grado em Deus e nos deuses. Quem sabe, na franqueza das minhas palavras, eu tenha de ir mais longe, além do agrado dos seus ouvidos, habituados à severidade? A verdade é que o deus em questão foi mais longe, muito mais longe, em diálogos dessa espécie, e se encontrava mais à frente do que eu... Sim, se pudesse proceder segundo é hábito entre homens, tinha de lhe atribuir belos e solenes nomes, pomposos e virtuosos, eu enalteceria sua coragem de explorador, sua sinceridade ousada, sua veracidade e seu amor à sabedoria. Mas, a tal deus, ornamentos ocos e respeitáveis não interessam. "Guarde isso para você e seus iguais, ou para quem o precise! Eu não tenho razão para cobrir minha nudez!" Percebe-se: talvez a vergonha falte a essa espécie de divindade e de filósofo? Assim, disse um dia: "Em certas circunstâncias, amo os homens" — e, ao dizê-lo, fazia alusão a Ariadne, que se encontrava presente — "o homem é, para mim, um animal agradável, valente, inventivo sem igual sobre a terra; até nos labirintos encontra o seu caminho. Quero-lhe bem: penso muitas vezes na maneira de o impelir para a frente, torná-lo mais forte, pior e mais profundo do que é". — "Mais forte, pior e mais profundo?", perguntei assustado. "Sim", repetiu, "mais forte, pior e mais profundo; também mais belo". Ao dizer isso, o deus-tentador pôs-se a rir com seu sorriso cheio de dentes, como se acabasse de dizer uma amabilidade encantadora. Percebe-se então: a essa divindade não falta só o pudor; há boas razões para supor que, em alguns casos, os deuses poderiam, todos eles, aprender conosco, homens. Nós, homens, somos mais humanos...

296) Ah, quem são vocês, então, ó meus pensamentos escritos e multicores! Há pouco, vocês eram ainda tão variados, jovens e maliciosos, tão cheios de espinhos e de temperos secretos, que me fizeram espirrar e rir — e agora? Já despiram o que tinham de novo, e alguns entre vocês, receio, estão dispostos a ser verdadeiros: em tão grande medida já eles têm um ar imortal, dolorosamente honesto, e tão aborrecido! E alguma vez deixou de ser assim? Que coisas imitamos, ao escrever e ao pintar, nós, mandarins de pincel chinês, que tornamos eternas as coisas que se deixam escrever, que coisa há que consigamos imitar? Ah, apenas e sempre o que já começa a murchar e a perder o perfume! Ah, apenas e sempre tempestades que se dissipam e perdem a força, e sentimentos tardios e amarelados! Ah, apenas e sempre pássaros cansados e transviados que agora se deixam apanhar com a mão — com a nossa mão! Eternizamos o que já não pode viver nem voar por muito tempo, só coisas cansadas e gastas! E é só para sua tarde que tenho cores, vocês, meus pensamentos escritos e multicores, muitas cores talvez, muitas ternuras variadas, e cinquenta amarelos, marrons, verdes e vermelhos — mas ninguém pode imaginar o aspecto que tinham na sua manhã, vocês, centelhas e maravilhas repentinas da minha solidão, vocês, pensamentos meus, antigos, amados e maus!

DAS ALTAS MONTANHAS

CÂNTICO FINAL

Ó meio-dia da vida! Tempo solene!
Ó jardim de verão!
Felicidade inquieta no sondar e esperar:
Espero os amigos, noite e dia pronto,
Onde estão vocês, amigos? Venham! É tempo! É tempo!
Não era para vocês que o cinzento da geleira
Hoje se enfeitou de rosas?
O riacho os procura; saudosos apressam-se, empurram-se
Vento e nuvens, hoje mais alto para o azul
Para lá do alto descobrirem.

No mais alto a minha mesa foi posta para vocês:
Quem habita das estrelas
Tão próximo, quem, das medonhas distâncias abissais?
O meu reino, que reino se estendeu por mais longe?
E o meu mel, quem é que o provou?
Aqui estão vocês, amigos! – Ah, todavia, não sou eu
Quem buscam?
Vocês hesitam, pasmam, ah, que antes não se zanguem!
Eu já não sou eu? Mudados a mão, o andar, a casa
E o que eu sou, não o sou para vocês, amigos?

Tornei-me outro? E estranho a mim mesmo?
Fugido de mim mesmo?
Um lutador que muitas vezes venceu a si mesmo?
Que muitas vezes se ergueu contra sua própria força,
Ferido e detido pela sua própria vitória?

Procurei, onde o vento sopra mais cortante?
Aprendi a habitar
Onde ninguém habita, nas zonas desertas dos ursos brancos,
Desaprendi homem e Deus, blasfêmia e oração?
Tornei-me um fantasma, errando sobre as geleiras?
Velhos amigos! Olhem! Agora estão pálidos,
Cheios de amor e de pavor!
Não, saiam! Sem raiva! Aqui vocês não podem habitar:
Aqui, na região longínqua dos gelos e das rochas,
Aqui deve-se ser caçador e igual à camurça.
Tornei-me um caçador malvado! Vejam como
O meu arco está bem esticado!
Foi o mais forte quem conseguiu distendê-lo tanto:
Mas, agora, ah! Este dardo é perigoso
Como nenhum dardo, fora daqui! Para o bem de vocês!

Já vão? Ó coração, você suportou bastante,
Forte ficou sua esperança:
Mantém suas portas abertas para novos amigos!
Deixe os velhos! Deixe a recordação!
Se foi jovem outrora, é mais jovem agora!

O que jamais nos ligou, o laço de uma esperança,
Quem lê ainda os sinais,
Empalidecidos, que o amor outrora nele inscreveu,
A um pergaminho que a mão hesita em segurar
Comparo-o eu, da mesma maneira desbotado, queimado.

Não mais amigos, esses são — como chamá-los então?
Apenas amigos-fantasmas!
Esses às vezes de noite ainda batem no meu coração
e na minha janela,
Olham-me e dizem: "Mas éramos amigos?"
Ó palavra murcha que outrora cheirava a rosas!

Ó saudade da juventude que não compreendeu a si mesma!
Aqueles por quem eu ansiava,
Aqueles que eu julgava transformados tal como eu,
O fato de terem envelhecido afastou-os:
Só quem se transforma continua meu parente.

Ó meio-dia da vida! Segunda juventude!
Ó jardim de verão!
Felicidade inquieta no sondar e esperar!
Espero os amigos, noite e dia pronto,
Os novos amigos! Venham! É tempo! É tempo!

Esta canção acabou, o grito doce da saudade
Morreu na boca:
Um mago a fez, o amigo da hora própria,
O amigo do meio-dia — não! não perguntem quem ele é
— Então, ao meio-dia, Um tornou-se Dois...

Agora festejamos nós, certos da vitória comum,
A festa das festas:
Chegou o amigo Zaratustra, o hóspede dos hóspedes!
Agora ri o mundo, abriu-se a cortina cinzenta,
E foi o casamento da luz e das trevas...

NOTAS DA EDIÇÃO

*** 127) Todas as verdadeiras mulheres sentem uma espécie de pudor para com a ciência. Têm a sensação de que lhes olha por baixo da pele; pior ainda, por baixo dos vestidos.**

Cabe notar que, para Nietzsche, a desenfreada busca cientificista pela verdade advém de uma insatisfação para com a vida, de uma fraqueza para afirmá-la tal como é, e é em função dessa fraqueza (por ele execrada ao longo de toda a sua obra) que se procura refúgio em uma esperança de conseguir desvendar todos os segredos da existência, para então "corrigi-la". Ao mesmo tempo, ele considera que o gênero feminino teria desenvolvido e naturalizado em si um tipo de suspeita, saudável contra tais esperanças metafísicas, mencionada na passagem em questão. Cabe notar ainda que Nietzsche já evocara imagem correlata no prefácio a A gaia ciência, uma das obras que precedem esta.

**** 144) Se uma mulher tem inclinações científicas, é porque, em geral, há algo de errado na sua sexualidade. A esterilidade dispõe a uma certa masculinidade do gosto; o homem é, com sua licença, "o animal estéril".**

Junto à saudável indisposição para com a busca cientificista por uma idealizada verdade existencial, Nietzsche percebe no gênero feminino uma naturalizada disposição para com a criação e o jogo, o tato para diferentes formas — as quais podem muitas vezes mascarar e velar, mas sempre o fazendo com potencial criador. Ademais, há de se relacionar sua evocação de problemas de ordem sexual e esterilidade à sua exortação do corpo e de seus impulsos, suas razões e sua lógica, sobremaneira como antídoto contra as esperanças metafísicas que, perseguidas, fazem-nos colocá-lo em segundo plano, a partir do que nos tornamos mais estéreis, mais frágeis precisamente no mundo efetivo no qual nos vemos lançados.

***** 147) Trecho das velhas novelas florentinas, mas, além disso, fato vivido: buona femmina e mala femmina vuol bastone (boa mulher, má mulher, querem bastão). 28 Sacchetti, Nov. 86.**

Ao lermos a frase que Nietzsche empresta de Franco Sacchetti (presente em Novella 86), vale lembrar dois pontos cardinais para sua filosofia: por um lado, o pensamento nietzscheano defende avidamente as dinâmicas de confronto, o ágon, asseverando não apenas ser este um traço imprescindível da existência, mas também aquele pelo qual se geraria o novo, sendo sua manutenção e fomento maximamente salutares. Por outro, Nietzsche prescreve que não se faça guerra contra o que está abaixo de si. Em outras palavras, dever-se-ia escolher oponentes cuja força representasse desafio real, sem o que não haveria o desejado tipo de choque criador, gerador do novo — é por este motivo, por exemplo, que Nietzsche designa para si como oponentes filosóficos aqueles que julga os maiores da história da filosofia, tendo mesmo chegado a tomar como tarefa de seu projeto filosófico uma completa inversão do platonismo. Vê-se, portanto, que o gênero feminino é compreendido em sua obra como sendo forte o suficiente para receber — além de, subentende-se, rebater e reciprocar — as críticas que se lhe dirigem, num esforço de manter a (para ele imprescindível e fecunda) disputa entre ele e o masculino.

****** 232 em diante (comentários polêmicos sobre a mulher)**

Também neste aforismo e nos que o sucedem, não se deve perder de vista o quão salutar Nietzsche enxerga a dinâmica agonística entre os gêneros (bem como em todos os âmbitos). Seria elucidativo manter igualmente em vista que suas críticas à mulher miram uma idealizada "mulher-em-si", à qual Nietzsche se opõe não apenas para lutar contra o empobrecimento que entende ser sofrido pelo próprio gênero feminino quando assim compreendido, que desse modo seria forçado a definhar em uma cercadura romantizada — ao invés de explorar outras possibilidades de existência muito mais férteis —, mas também como desdobramento de sua oposição geral a qualquer idealização metafísica, qualquer renúncia da existência em prol de uma delirada panaceia transmundana.

Notas feitas por contribuição à edição por Hugo Vedovato

Hugo Vedovato é formado em Filosofia pela UNICAMP, durante a graduação realizou um estágio de pesquisa na Technische Universität Berlin, Alemanha. Possui mestrado em Filosofia pela Universidade Federal de São Paulo, com estágio de pesquisa na Universität Stuttgart, Alemanha. Atualmente, é doutorando em Filosofia, com novo estágio de pesquisa na Universität Stuttgart. É membro dos grupos de pesquisa Modernidade e História Cultural (UNIFESP), Internationale Nietzscheforschungsgruppe Stuttgart (Universität Stuttgart), da Rede Iberoamericana de Estudos Nietzsche (RIEN), e do conselho editorial da Revista Guaru (UNIFESP). Desde a graduação realiza pesquisas sobre Nietzsche, com ênfase nos conceitos de além-do-homem, eterno retorno e vontade de poder.

Veríssimo

ESTA OBRA FOI IMPRESSA
EM JUNHO DE 2025